世界の言語シリーズ 1

スワヒリ語

小森 淳子

大阪大学出版会

Bara la Afrika
(アフリカ大陸)

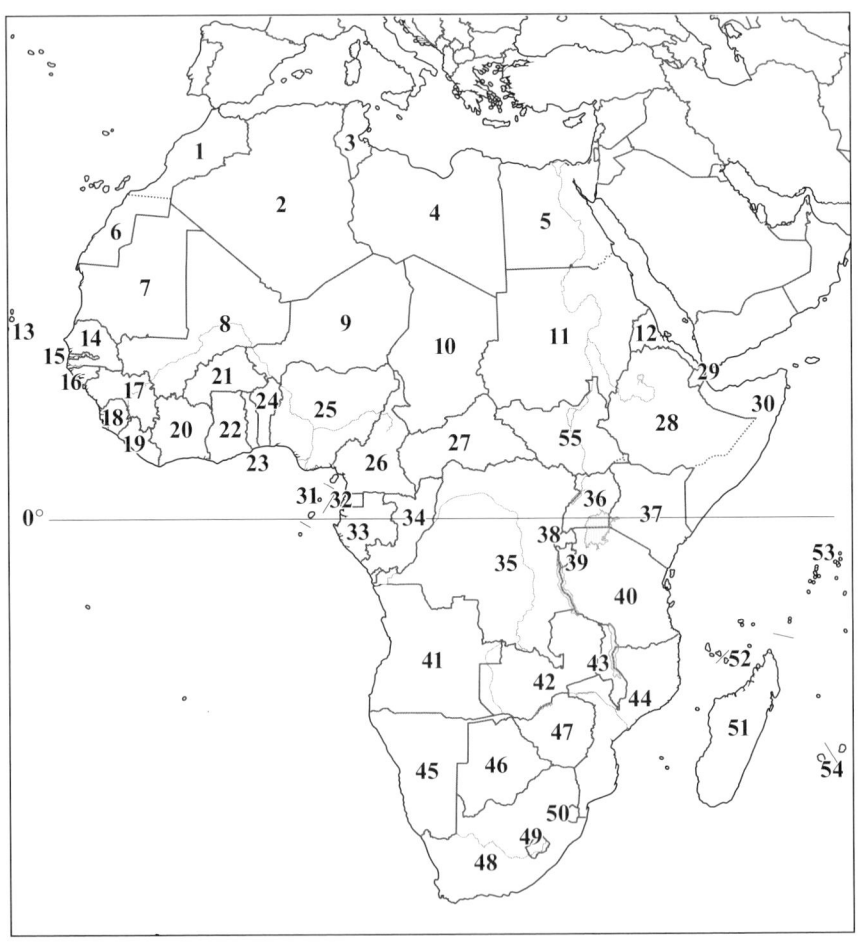

🌐 アフリカ大陸にある国名と位置を調べましょう．

はじめに

　さぁ，スワヒリ語を学んで東アフリカへ旅立とう．
　スワヒリ語はタンザニア，ケニアの公用語として使われ，さらにその周辺諸国でも広く通用する東アフリカの共通語です．もともとは東アフリカの沿岸地域から島嶼部にかけて話されていた言葉ですが，交易を通じて内陸部にも広がっていき，標準語化されて，公用語として使われるようになりました．
　東アフリカで広く使われているスワヒリ語ですが，やはり本場はなんといってもタンザニアでしょう．標準語はタンザニアのザンジバル方言がもとになって作られていて，タンザニアではどこへ行ってもスワヒリ語が通じます．"Jambo!"と声をかけると，人なつこいタンザニア人が必ず"Jambo!"とこたえてくれます．〈笑顔があれば言葉なんてわからなくても通じ合える！〉と思いたくなる瞬間ですが，スワヒリ語を学んでタンザニアの人々と語り合えれば，東アフリカの旅は何倍も楽しくなり，アフリカに対する理解はさらに深まることでしょう．まずは，このよく知られた"Jambo!"という挨拶が，正しくはどのように言う挨拶なのかを学ぶところから始めましょう．

　このテキストのダイアログ／モノログは，日本人の大学生よう子がタンザニアへ行き，タンザニア人の大学生ネエマと交流し，ダルエスサラームやモシ，ザンジバルを旅行する話になっています．それぞれのダイアログ／モノログに出てくる文章の中から，必要な文法事項を同じ課で説明するようにしていますが，話の流れ上，文法説明が前後していることがあります．その際は臨機応変に前後の課を参照していただければ幸いです．
　このテキストは，大学のスワヒリ語初級の授業で使われることを想定して書かれていますが，独習する方のために，各課のダイアログ／モノログの日本語訳と練習問題の解答を巻末につけてあります．そのため，スワヒリ語を訳させたり，問題を答えさせる形式の授業では使いにくいかもしれませんが，発音の反復練習や小テストなどの活用などによって，学習者の運用能力を高める工夫もできるかと思います．それに，教える人のアフリカ体験談など，「脱線」の時間が多くとれることになっていいかもしれません．
　スワヒリ語は日本語母語話者には学習しやすい言語です．発音が容易で文

の構造も比較的理解しやすく，学んですぐに簡単な文章が作れ，会話ができるようになります．テキストには，スワヒリ語を話す人々への関心を高め，理解を深める一助となるように，東アフリカの概略地図と「こぼれ話」的なコラム，タンザニアの写真を掲載しました．また，白地図を利用して，アフリカの国名を調べてもらえればうれしいです．

　コラムを書いてくださった皆さん，写真を提供してくださった皆さん，どうもありがとうございました．また，15，16，19，20課のダイアログは宮﨑久美子さんに，27～30課のダイアログ／モノログは竹村景子さんに，それぞれ書いてもらいました（このテキストに所収するにあたり一部改変しました）．あらためてお礼申し上げます．タンザニアの絵画「ティンガティンガ」風のイラストは，増澤圭君（大阪大学外国語学部スワヒリ語専攻）に描いてもらいました．どうもありがとう．付属のCDには全課のダイアログ／モノログの録音が入っています．録音はザンジバル出身のAsha K. Hamad先生（大阪大学外国語学部）と娘さんのSaadaさんにご協力いただきました． Asante sana.

　このテキストを書くにあたって，次の文献を参考にしました．
　　『スワヒリ語文法』
　　　　　中島久著，大学書林（2000年）
Serengeti
　　　　　Abel. K. Mwanga 著，Ruvu Publishers Co. Ltd. (1998年)
Swahili Sayings from Zanzibar 1（*proverbs*）
　　　　　S.S. Farsi 著，Eastern Africa Publications Ltd.（1958年）
Teach Yourself Swahili
　　　　　Joan Russell 著，NTC/Contemporary Publishing（1996年）

Tuanze kusoma Kiswahili!
2009年2月
小森　淳子

目　次

はじめに i

1　文字と発音 ——————————— 1
　　1.1　母音 2
　　1.2　子音 3
　　1.3　アクセントとイントネーション 9

2　挨拶 ——————————————— 11
　　2.1　-jambo を用いる挨拶表現 12
　　2.2　habari を用いる挨拶表現 14
　　2.3　その他の挨拶表現 16

3　自己紹介 ——————————————— 20
　　3.1　動詞の構造と接辞 21
　　3.2　動詞を用いる文の基本的な語順 28

4　よう子とネエマ ——————————— 32
　　4.1　動詞を用いない文（1）：コピュラ文 33
　　4.2　属辞 -a「〜の」と所有詞 35
　　4.3　動詞の不定形 37

5　兄弟は何人？ ——————————— 41
　　5.1　動詞を用いない文（2）：所有文 42
　　5.2　動詞を用いない文（3）：存在文 44
　　5.3　数詞 45

6　食べ物談義 1 ——————————— 51
　　6.1　「現在」を表す文（時制接辞 na-/a-） 52
　　6.2　「過去」を表す文（時制接辞 li-） 54

iii

- 7 食べ物談義 2 —————————— 58
  - 7.1 「未来」を表す文（時制接辞 ta-） ················· 59
  - 7.2 「完了」を表す文（時制接辞 me-/mesha-） ········ 60

- 8 ウガリを作る 1 —————————— 64
  - 8.1 命令形 ·· 65
  - 8.2 接続形（1） ··· 67

- 9 ウガリを作る 2 —————————— 73
  - 9.1 接続形（2） ··· 74
  - 9.2 「仮定 / 付帯状況」を表す文（時制接辞 ki-） ···· 77

- 10 食卓で 1 —————————— 80
  - 10.1 名詞クラス（1）：名詞と形容詞 ················· 81
  - 10.2 「習慣」を表す文（時制接辞 hu-） ·············· 95

- 11 食卓で 2 —————————— 98
  - 11.1 名詞クラス（2）：主語接辞と主語接辞系の修飾語
    （指示詞・属辞・所有詞） ························ 99
  - 11.2 「場所クラス」の主語接辞 - 所有辞 na〈〜がある〉 ···· 102

- 12 バスに乗る 1 —————————— 104
  - 12.1 その他の主語接辞系の修飾語 ···················· 105
  - 12.2 接続形（3） ·· 108

- 13 バスに乗る 2 —————————— 111
  - 13.1 動詞の派生形（1）：受動形 ······················ 112
  - 13.2 動詞の派生形（2）：適用形 ······················ 115

- 14 ムウェンゲから大学へ —————————— 120
  - 14.1 動詞の派生形（3）：使役形 ······················ 121
  - 14.2 時刻の表し方 ······································ 125

15 大学のキャンパスで 1 ── 129
- 15.1 関係節（1）：時制接辞の後ろに関係接辞をとる形式 …… 130
- 15.2 関係節（2）：否定の接辞 si- をとる形式 …………………… 133

16 大学のキャンパスで 2 ── 135
- 16.1 動詞の派生形（4）：相互形 …………………………………… 136
- 16.2 動詞の派生形（5）：反転形 …………………………………… 138

17 TUKI のブックショップで 1 ── 141
- 17.1 関係節（3）：関係詞 amba- を用いる形式 ………………… 142
- 17.2 関係節（4）：関係 Be 動詞 li を用いる形式（存在文） …… 144

18 TUKI のブックショップで 2 ── 147
- 18.1 関係節（5）：動詞の後ろに関係接辞をとる形式 ………… 148
- 18.2 関係節（6）：関係 Be 動詞 li を用いる形式（所有文） …… 150

19 ダルエスサラーム探訪 1 ── 154
- 19.1 動詞の派生形（6）：状態形 …………………………………… 155
- 19.2 動詞の派生形（7）：可能形 …………………………………… 157

20 ダルエスサラーム探訪 2 ── 160
- 20.1 「仮想」を表す文（時制接辞 nge-, ngali-）………………… 161

21 モシに行く 1 ── 165
- 21.1 関係節（7）：関係 Be 動詞 li を用いる形式
（コピュラ文）………………………………………………… 166

22 モシに行く 2 ── 169
- 22.1 関係節（8）：副詞的な関係節（時，様態）………………… 170

23 キリマンジャロに登る 1 ── 174
- 23.1 前置詞・接続詞的な表現 ……………………………………… 175

24 キリマンジャロに登る 2 —— 179
24.1 関係接辞を用いる語〈ndi-, na, -ingine〉 …… 180

25 セレンゲティ 1 —— 184
25.1 「動詞を用いない文」の過去形，未来形 …… 185

26 セレンゲティ 2 —— 189
26.1 複合時制の形式 …… 190

27 ザンジバルに行く 1 —— 193
27.1 時間的・空間的な前後の表現
〈kabla, baada, mbele, nyuma〉 …… 194

28 ザンジバルに行く 2 —— 199
28.1 人や生き物を表す名詞のクラス …… 200

29 ザンジバルにて 1 —— 205
29.1 「継起」を表す文（時制接辞 ka-） …… 206

30 ザンジバルにて 2 —— 210
30.1 動詞からの名詞形成 …… 211

コラム

1 スワヒリ語の系統 …… 10
2 Shikamoo から始めよう …… 19
3 "Pole." …… 31
4 Bahati mbaya. …… 40
5 タンザニア若者ことば1―ストリートのことば …… 50
6 サンブサ sambusa の作り方 …… 56
7 ウガリをこねる …… 71
8 常温ビールは体に良い？ …… 97
9 タンザニア若者ことば2―ダラダラ語 …… 109
10 ダラダラの車内で …… 119
11 日本からきたダラダラ …… 128
12 キャンパスライフ …… 140
13 スワヒリ語小説 …… 153
14 タンザニア若者ことば3―ボンゴ・フレーバ …… 159
15 タンザニア若者ことば4―タブロイド紙 …… 164
16 タンザニア若者ことば5―ことばおじさん …… 168
17 モシ，キリマンジャロへの道 …… 173
18 Sheng は「出来損ない」なコトバか？
　― 混合言語に見る「伝統」と「普遍性」― …… 188
19 ムスリムの日常生活 …… 197
20 ココヤシ Mnazi はエコ？ …… 209

写真撮影者一覧

角谷　征昭	3. 13. 15. 17. 18. 24	
小森　淳子	2. 5. 7. 8. 9. 10. 11. 12. 20. 21. 22. 23. 26. 32	
竹村　景子	1. 16. 19. 33. 40	
土井　治夫	31	
能勢　陽子	6. 34. 35. 36. 37. 38. 39. 41. 42	
羽鳥　健一	27. 28. 29. 30	
福本友香里	4. 14	
八尾紗奈子	25	

（50音順，敬称略）

東アフリカの国々

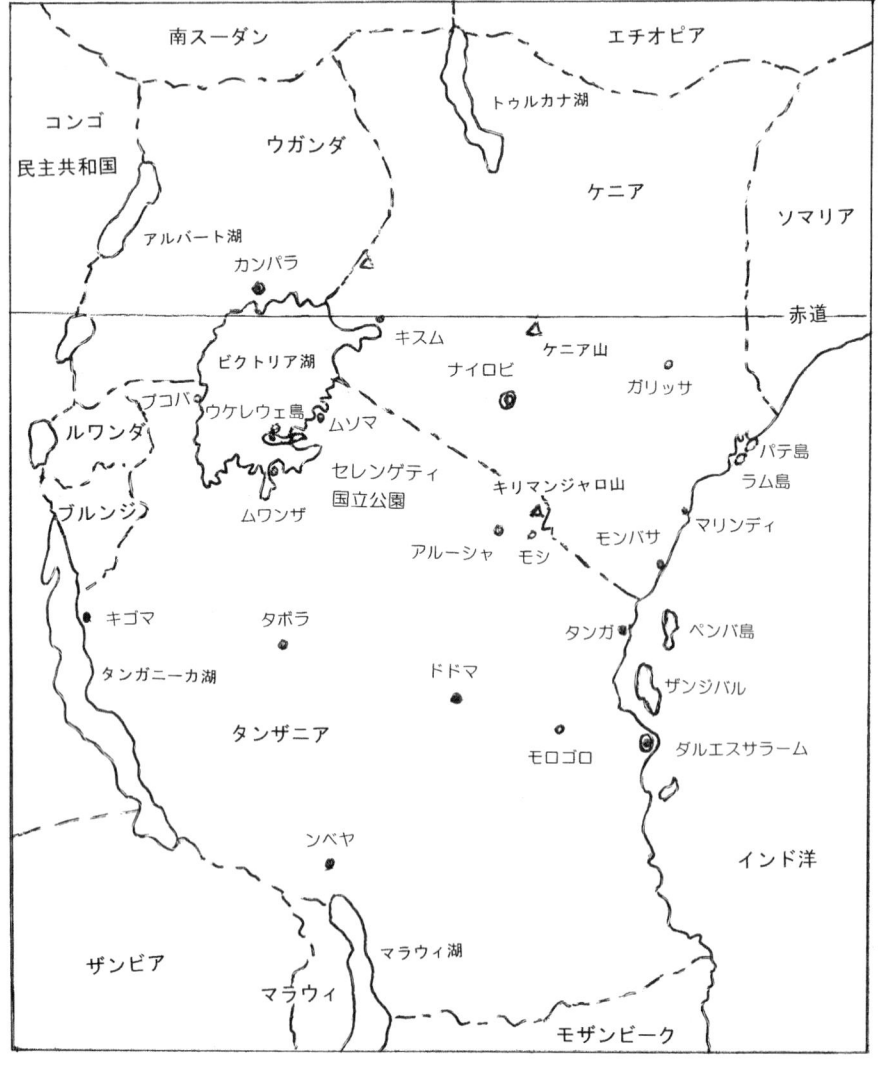

文字と発音
Herufi na Matamshi

Darasani;

Mwalimu: Hii ni nini?
Yoko: Hii ni ng'ombe.
Mwalimu: Hii ni nini?
Yoko: Hii ni kalamu.
Si karamu.
Mwalimu: Hii ni nini?
Yoko: Hii ni nchi ya Tanzania.
Mji mkuu ni Dar es Salaam.
Mwalimu: Hii ni nini?
Yoko: Hii ni mbwa.
Mvua inanyesha.
Mwalimu: Ile ni nini?
Yoko: Ile ni dhahabu.
Dhahabu ni ghali.
Mwalimu: Nyinyi ni nani?
Yoko: Sisi ni wanafunzi.
Mwalimu: Wanafunzi wangapi?
Yoko: Wanafunzi thelathini.
Wasichana ishirini.

1.1 母音

スワヒリ語の母音は5つである．文字は以下のアルファベットを用いる．

  a e i o u

日本語も母音は5つなので，日本語母語話者がスワヒリ語を話すとき，母音についてはそれほど苦労することはないだろう．ただし，日本語の「う」は唇を丸めずに発音するので（発音記号は[ɯ]），スワヒリ語の[u]を発音するときは，意識して唇を丸めるように心がけよう．

〈1〉

mama	母	kaka	兄
wewe	あなた	yeye	彼，彼女
nani	誰	ile	あれ（9クラス）
nini	何	sisi	私たち
popo	コウモリ	kuku	ニワトリ
oza	腐る	uza	売る

母音が連続する場合も，1つ1つの母音をはっきりと区別して発音する．同じ母音が連続する場合は，1つの長母音のように発音される（ただし，スワヒリ語は後ろから2番目の音節にアクセントがあるので，下の語例では，同じ母音の連続も単なる長母音ではなく，すべて［高・低］と下降の音調で発音される）．

〈2〉

saa	時計，時間	chai	チャイ（ミルク紅茶）
bei	値段	hii	これ（9クラス）
kioo	鏡，ガラス	oa	結婚する
tia	入れる	ua	殺す，花
chuo	学校，大学	kikuu	大きい（7クラス）
niletee	私に持ってきて！	uendelee	続けて！
usilie	泣かないで！	usisahau	忘れないで！

1.2 子音

スワヒリ語の子音は，次の 26 のアルファベットを用いて表される（(　) 内の文字は普通は用いられないが，特別な例にみられるのであげておく）．

b　ch　d　dh　f　g　gh　h　j　k　(kh)　l　m
n　ng'　ny　p　r　s　sh　t　th　v　w　y　z

それぞれの子音がどのように発音されるかを，アルファベット表記と音声記号を用いながら以下に説明していこう．

スワヒリ語の子音（音声記号）

	両唇音	唇歯音	歯音	歯茎音	後部歯茎音	硬口蓋音	軟口蓋音	声門音
破裂音	p　b			t　d		ɟ	k　g	
摩擦音		f　v	θ　ð	s　z	ʃ		(x)　ɣ	h
破擦音					tʃ			
鼻　音	m			n		ɲ	ŋ	
ふるえ音				r				
側　音				l				
接近音		ʋ				j		

(( ) 内の音声は普通は用いられないが、特別な例にみられるのであげておく)

(1) 破裂音 p[p]　b[b]　t[t]　d[d]　j[ɟ]　k[k]　g[g]

破裂音は，唇や歯茎など口のどこかで一旦空気の流れを止めて（閉鎖して）から，それを開放することによって音を出す（ゆえに「閉鎖音」とも呼ばれる）．[ɟ] は日本語の「ヂャ」の子音の音に近いが，「ヂャ」を発音するときより，もう少し舌の後ろの方が口の天井にひっつく感じで，舌先を下の歯茎の方につけて，「ヂャ」と「ヤ」の中間くらいの音を出すようなイメージで発音する．

また厳密には，スワヒリ語の有声の破裂音 [b, d, ɟ, g] は，空気を外へ向かって出すのではなく，口の中に吸い込むように発音する．吸い込むと言っても，肺で大きく息をするのではなく，閉鎖の開放と同時にのど仏の部分（喉頭）を下げるのである．このような音は「入破音」と呼ばれ，厳密に表記するなら，ヒゲの

Herufi na Matamshi

ような補助記号を加えて，[ɓ, ɗ, ʄ, ɠ] と書き表される．ただし，実際の運用という点でいえば，ただの破裂音で発音しても十分に通用するので，神経質になる必要はない（また，入破音の前に鼻音がくると普通の破裂音（外破音）になる）．次の単語を発音してみよう．

〈3〉

baba	父	bata	アヒル
dada	姉	duma	チーター
jana	昨日	jambo	事，問題
gogo	丸太	gumu	固い
tembo	ゾウ	punda	ロバ
sungura	ウサギ	nungunungu	ヤマアラシ

同じく，実際の運用では気にする必要のないことだが，無声の破裂音では，息を強く吐きながら発音する「帯気音」が語頭にみられる場合がある．海岸地域のスワヒリ語母語話者は，以下の語例のように，帯気音と無気音で単語を区別することがある（帯気音は音声記号の右上に小さくhを書いて表記する．実際の綴りでは表記されない）．

〈4〉

p^haa	ガゼル	paa	屋根
t^haa	エイ	taa	ランプ
k^haa	カニ	kaa	炭
ch^hangu	（魚の種類）	changu	私のもの

(2) 摩擦音

① f [f]　v [v]　s [s]　z [z]　sh [ʃ]　h [h]
② th [θ]　dh [ð]　gh [ɣ]　(kh)([x])

摩擦音は，たとえば下唇と上歯の間，あるいは歯と舌の間などに狭めを作って，そこから空気を摩擦させるようにして出す音である．子音の中では摩擦音が一番種類が多いが，これはアラビア語からの借用語に用いられる音が含まれているためである．スワヒリ語はアラビア語から大量の語彙を借用しているが，それに伴

い，もともとスワヒリ語にはなかった音声も用いるようになったのである．上の②に並べた音は，アラビア語からの借用語にしか用いられない．th [θ] は英語の think，dh [ð] は英語の that と同じように発音すればよい．gh [ɣ] はのどの奥を摩擦させるような音で，うがいをしながら「ガ」と発音する感じである．その無声音である kh [x] は，スワヒリ語に入ると [h] になるが，まれに [x] のまま発音されることがある．ふつうはすべて [h] で発音しておけばよい．それぞれの音に気をつけながら，次の語を発音してみよう．

⟨5⟩

thelathini	30	themanini	80
dhahabu	黄金	dhambi	罪
dhani	考える	ghali	高価な
gharama	費用，値段	ghorofa	（建物の）階
sabalkheri	おはようございます	kwa heri / kwa kheri	さようなら

f と v も日本語にない音であるが，英語の学習で練習してきたとおりに発音すればよい．また，日本語には固有の音として si [si]（あえて書くなら「スィ」）がないので，si を「シ」[ʃi] と発音する人がたまにいる．スワヒリ語では si と shi を区別するので，これも英語の sea〈海〉と she〈彼女〉を区別するように発音したい．次の単語を発音してみよう．

⟨6⟩

sikia	聞こえる	shika	つかむ
sikio	耳	shikio	取っ手
siri	秘密	shirika	機構，公社
fulani	某，ある	huruma	同情，思いやり
vumbi	ほこり，砂埃	bundi	フクロウ
fahamu	理解する	hufahamu?	分からない？

（3）破擦音　ch [tʃ]

日本語の「チャ」の子音と同じ発音である．この音は無声音であるが，これに対する有声音は [dʒ] である．先にみた入破音の j [ʄ] は，鼻音の後ろにくるときは [dʒ] と発音される（つまり，有声破擦音 [dʒ] は，j の異音として現れる

ということである）．次の単語を発音してみよう．

〈7〉

chai	チャイ	cheti	証明書
chini	下，地面	choo	便所
chui	ヒョウ	chinja	屠殺する
jaa	一杯である	njaa	空腹，飢え
nje	外	njoo	来い，おいで！

(4) 鼻音　m [m]　n [n]　ny [ɲ]　ng' [ŋ]

m, n, ny はそれぞれ日本語の「マ」「ナ」「ニャ」の子音と同じ発音である．日本語ではナ行の「ニ」とニャ行の「ニ」を区別しないが，スワヒリ語ではこの二つの音を区別するので気をつけたい．特に nyi を発音するときは，舌をべったりと口の天井につけるようなつもりで発音しよう．ng' は日本語のガ行鼻濁音の子音と同じで，鼻にかかって「ガ」を発音するときの音である．日本語ではガ行鼻濁音は語中か語末にしか出てこないが，スワヒリ語では語頭にも現れるので，気をつけて発音したい．次の単語を発音してみよう．

〈8〉

nini	何	nyinyi	あなたたち
nani	誰	nyani	ヒヒ
nyimbo	歌	nyika	サバンナ，草原
ng'ombe	牛	ng'ambo	対岸
ng'oa	引き抜く	ng'ara / ng'aa	輝く

また，鼻音の後ろに子音が続き，日本語の「ン」のように発音されることがある．そのような鼻音は，後ろの子音によって m か n でつづられる（ただし，音節主音の m は常に m でつづられる）．日本語とちがって，スワヒリ語では「ン」が語頭にくることがあるので，気をつけて発音したい．特に m で始まる単語はしっかり唇を閉じて発音する．次の単語を発音してみよう（後述するように，音節主音の鼻音もアクセントをもちえる）．

⟨9⟩

mbao	板	mvua	雨
mchana	昼	mkono	手
mji	町	mtu	人
mjapani	日本人	zungumza	話す
chemka	沸く	hamjambo?	皆さん，こんにちは

nでつづられている場合は，後ろの子音と同じ口の構えで発音する．基本的には口を閉じずに，上の歯茎に舌先をつけて発音するのでよいが，後ろの子音がgのときは，ガ行鼻濁音の子音 [ŋ] で発音する（ちなみにnの後ろにkがくることはない）．次の単語を発音してみよう．

⟨10⟩

nchi	国	ncha	先，端
nzi	ハエ	nta	蝋（ろう）
nne	4	njia	道
nzuri	よい	ndizi	バナナ
ndege	鳥	ngoma	太鼓
ngapi	いくつ	nguruwe	ブタ

(5) ふるえ音 r[r] と 側音 l[l]

英語にrとlの区別があるように，スワヒリ語にもこの2つの音の区別があるので，気をつけたい．日本語のラ行の子音は，舌先が上の歯茎を軽く弾くように発音する音（弾音）であるが，スワヒリ語のこれらの音は，どちらもそれとは異なる．

スワヒリ語のrは少し舌先を震わせるように発音する．lは舌を上の歯茎にしっかりとつけ，舌の両側から息を出して発音する．次の単語を発音してみよう．

⟨11⟩

karamu	宴会，パーティー	kalamu	ペン
mahari	婚資	mahali	場所
habari	知らせ，ニュース	kubali	同意する
rafiki	友達	lakini	しかし，でも

接辞と語幹の間でnとr, lが連続するような場合は，r, lはどちらもdになり，n-dという連続になる．

〈12〉
n-defu　　　　　長い（9/10クラス）　mi-refu　　　　長い（4クラス）
u-limi　　　　　舌（11クラス）　　　n-dimi　　　　舌（10クラス）

(6) 接近音　y[j]　w[υ]

接近音とは，たとえば舌が硬口蓋口に接近して出される音であるが，摩擦音のように摩擦が生じるほどではない．母音のiやuに近いので「半母音」とも呼ばれる．他の子音の後に現れて子音連続をなすことがある．次の単語を発音してみよう．

〈13〉
mbwa　　　　　犬　　　　　　　　　kutwa　　　　一日，日中
kweli　　　　　本当　　　　　　　　mgonjwa　　　病人
hivyo　　　　　それ（8クラス）　　　levya　　　　酔わせる
fyonza　　　　　吸う　　　　　　　　fyeka　　　　雑草を払う，開墾する

(7) 付記：子音連続

以上みたように，スワヒリ語固有の語で子音が連続するのは，鼻音＋子音，子音＋接近音，あるいは鼻音＋子音＋接近音という組み合わせのみであるが，アラビア語源の単語では，その他の子音連続がおこる場合がある．次の単語を発音してみよう．

〈14〉
elfu　　　　　　千　　　　　　　　　labda　　　　たぶん，おそらく
ghafla　　　　　突然　　　　　　　　binafsi　　　　自分自身
fursa　　　　　機会　　　　　　　　rasmi　　　　正式の，公式の

1.3 アクセントとイントネーション

　スワヒリ語の単語は後ろから 2 番目の音節（母音か音節主音の鼻音）にアクセントがあり，そこをやや高く長めに発音する（1 音節の語はその音節がアクセントをもつ）．初心者の中には，接近音の w にアクセントをおいて発音する人がいるが，接近音の w にはアクセントはこないので，気をつけたい．次の単語を発音してみよう（アクセントのある音に，アクセント記号（´）がつけてある）．

⟨15⟩

nyúmba	家	nyumbáni	家で，家に
ḿji	町	ḿtu	人
ńne	4	ńzi	ハエ
cheḿka	沸く	zunguḿza	話す
kúbwa	大きい	mgónjwa	病人
mvúa	雨	ḿbwa	犬
fungúa	開ける	fúngwa	閉められる
kwá	〜で，〜によって	kúwa	〜ということ（Be 動詞の不定形）

　また次のように，同じ単語でも異なるアクセントがみられる例がある．借用語はどちらのアクセントでもよい．最後の例は，アクセントによって意味が異なる例である．

⟨16⟩

lázima / lazíma	義務，〜しなければならない
shúghuli / shughúli	仕事，用事
áfrika / afríka	アフリカ
barabára 大通り，道路 / barábara	しっかりと，完璧に，流暢に

　スワヒリ語の文全体のイントネーションは，基本的にはすべて下降調である．英語の Yes/No 疑問文や日本語の「スワヒリ語を勉強してるの？」という疑問文のように，最後をしり上がりに発音する上昇調は，疑問文であってもみられない．

次の平叙文と疑問文のイントネーションの違いは，文末のアクセントの高低差の違いによって表される．疑問文の方が，高低差が大きい．

〈17〉
Unasoma kiswahili.　　　　　　スワヒリ語を勉強してるんですね．
　　　　　　　　　　　　　　　　　　　　　　　　　　（平叙文）

Unasoma kiswahili?　　　　　　スワヒリ語を勉強してるんですか．
　　　　　　　　　　　　　　　　　　　　　　　　　　（疑問文）

ただし，疑問詞を用いるWH疑問文の場合，疑問詞が最後にくるときは，平叙文と同じイントネーションであり，前にくるときは，疑問詞のところがより高くなる．

〈18〉
Unasoma nini?　　　　　　　　何を勉強してるんですか．

Nani anasoma kiswahili?　　　　誰がスワヒリ語を勉強してるんですか．

コラム 1　スワヒリ語の系統

　スワヒリ語はアラビア語からの借用語が多くあり，またはじめはアラビア文字で書かれていたこともあって，アラビア語とアフリカ固有のバントゥ語とが混ざってできた言語，というような言われ方をすることがあるが，どんなにたくさんアラビア語の語彙が入っていようとも，スワヒリ語はれっきとしたアフリカ固有の言語である．西はカメルーンから，コンゴ，ウガンダ，ケニアをつなぐライン以南のアフリカ大陸に広く分布しているバントゥ諸語（500言語くらいある）の1つであり，スワヒリ語はバントゥ語研究の入り口となる言語でもあるのだ．（小森 淳子）

挨拶
Maamkizi

Yoko amefika Dar es Salaam. Anaamkiana na rafiki yake Neema.

Neema:	Karibu Tanzania. Hujambo, Yoko?
Yoko:	Sijambo, Neema. Habari yako?
Neema:	Nzuri sana. Habari za safari?
Yoko:	Salama sana. Habari za nyumbani?
Neema:	Safi. Sisi hatujambo.
Yoko:	Bibi yako je?　Hajambo?
Neema:	Ndiyo, hajambo. Na nyinyi je, nyote hamjambo?
Yoko:	Sisi sote hatujambo.
Neema:	Mama na baba hawajambo?
Yoko:	Ndiyo, hawajambo. Wanakusalimu sana.
Neema:	Asante.

Maamkizi

2.1 -jambo を用いる挨拶表現

どのような言語を学ぶときも，まずはその言語での挨拶を学ぶことから始まる．現地の人と挨拶を交わせば，いっぺんにその言語の世界へ飛び込んだ気がする．日本語ではこちらが「こんにちは」と言って，相手が「こんにちは」と返す挨拶でも十分だが，スワヒリ語では何回か言葉を交わし合うのが普通である．基本的には -jambo を用いる挨拶表現と，habari を用いる挨拶表現を使って，相手や相手の身の回りの人／事について尋ね合う形である．まず，-jambo を用いる挨拶表現をみてみよう．

スワヒリ語のカジュアルな挨拶として "Jambo!" というのが比較的よく知られているが，これは省略形であり，本来は -jambo の前に接辞のついた形が正しい．接辞をつけた表現の組み合わせは，以下の 4 通りである．

〈1〉
Hujambo?	こんにちは．
— Sijambo.	こんにちは．
Hamjambo?	みなさん，こんにちは．
— Hatujambo.	こんにちは．
Hajambo?	（あの人は）元気ですか．
— Hajambo.	元気です．
Hawajambo?	（あの人たちは）元気ですか．
— Hawajambo.	元気です．

-jambo の前についているこれらの接辞は，「否定主語接辞」といい，否定文などに使われる接辞である．jambo とは〈事柄，問題〉という意味の名詞であり，否定主語接辞を伴って〈あなたは問題ないか？〉—〈私は問題ない〉といった意味を表す表現で，それが形式化して挨拶表現となっている．否定主語接辞は，のちに否定文を学ぶ時に出てくるので，ここで覚えておこう．

否定主語接辞

	単　数	複　数
1人称	si-	hatu-
2人称	hu-	ham-
3人称	ha-	hawa-

Hujambo? — Sijambo. はどちらも〈こんにちは〉と訳せるが，正確には〈あなたは問題ないですか〉—〈私は問題ないです〉というやり取りである．同様に，Hamjambo? — Hatujambo. も〈あなたたちは問題ないですか〉—〈私たちは問題ないです〉というやり取りである．3人称の接辞を用いる場合は，その場にいない「彼/彼女」について，あるいは「彼ら」についての消息を尋ね合うやり取りであり，それぞれ，尋ねる対象を表す語を前におくことができる．

〈2〉

Mama hajambo?　　　　　　お母さんはお元気ですか．
　　— Hajambo.　　　　　　　元気です．
Juma hajambo?　　　　　　ジュマは元気ですか．
　　— Hajambo.　　　　　　　元気です．
Watoto hawajambo?　　　　子供たちは元気ですか．
　　— Hawajambo.　　　　　元気です．
Nyumbani wote hawajambo?　ご家族の皆さんはお元気ですか．
　　— Hawajambo.　　　　　元気です．

Maamkizi

2.2 habari を用いる挨拶表現

-jambo の挨拶表現とともによく用いられるのが，habari を用いた挨拶表現である．habari とは〈知らせ，ニュース〉という意味で，さまざまな語を後につづけて，相手や相手の身の回りの人/事について，その消息を尋ねる挨拶表現である．habari の後には gani〈どんな〉や yako〈あなたの〉などの語を続けて，Habari gani?〈どんなニュースですか〉，Habari yako?〈あなたのニュースは？〉と尋ねるが，挨拶表現として形式化しているので，返答としては，身の回りに起こったことを答えるのではなく，形式的に Nzuri〈よいです〉などのように答える．habari を用いた挨拶表現のバリエーションを以下にあげよう．

〈3〉

Habari gani?	gani	どんな
Habari yako?	yako	あなたの（9クラス）
Habari zako?	zako	あなたの（10クラス）
Habari yenu?	yenu	あなたたちの（9クラス）
Habari zenu?	zenu	あなたたちの（10クラス）

〈4〉

Habari ya asubuhi?	asubuhi	朝
Habari ya mchana?	mchana	昼
Habari ya kutwa?	kutwa	日中，昼間
Habari ya jioni?	jioni	夕方
Habari ya usiku?	usiku	夜
Habari ya leo?	leo	今日
Habari ya nyumbani?	nyumbani	家庭で
Habari ya shuleni?	shuleni	学校で
Habari ya masomo?	masomo	勉強
Habari ya kazi?	kazi	仕事
Habari ya shughuli?	shughuli	仕事，用事
Habari ya safari?	safari	旅
Habari ya tangu jana?	tangu jana	昨日以来
Habari ya tangu juzi?	tangu juzi	おととい以来
Habari ya siku nyingi?	siku nyingi	何日も

〈4〉の例では，habari の後ろに「〜の」という意味を表す ya がきて，その後ろにさまざまな語がくるが，状況に応じて，他にもさまざまな語を入れて言うことができる．〈4〉の最後の例は「おひさしぶりです」と訳すことができよう．また，ya の代わりに za を用いることもできる．

のちにみるように，スワヒリ語の名詞はそれぞれ「クラス」に属しており，habari は9クラス（単数扱い）と10クラス（複数扱い）に属している．そこで，habari を単数扱いする場合は，yako や yenu，ya を用い，複数扱いする場合は，zako や zenu，za を用いるのであるが，どちらにしても意味は変わらず，同じように使うことができる．また，Habari? とだけいう言い方や，habari を省略して，Ya nyumbani? という言い方などもある．

いずれのパターンであれ，habari の挨拶に対しては，以下のような返答のバリエーションがある．

〈5〉
Nzuri.
Njema.
Salama.
Safi.

nzuri	よい
njema	よい
salama	平安
safi	清潔

Nzuri. / Njema. は Habari nzuri. / Habari njema.〈よいニュースです〉の省略形である．どちらも同じ意味である．〈5〉にあげた語にはそれぞれ，sana〈とても，大変〉や tu〈ただ，だけ〉などの副詞を加えることもできる．ここにあげた4つは主なものであり，他の返答も可能である．

2.3　その他の挨拶表現

〈お元気ですか〉―〈はい，げんきです〉という挨拶には，次のような言い方もある．文頭の U や Ni は〈あなたは〉，〈私は〉という意味を表す主語接辞で，hali は〈状態〉という意味を表す．

〈6〉

U hali gani?	お元気ですか．
― Ni hali nzuri/njema.	元気です．

また，次のように，年下の者が年上の人にする特別な挨拶があり，年上の人が年下の者に返答する特別な挨拶とセットになっている．複数の目上の人に対しては語尾に -ni をつける（返答には複数形はない）．

〈7〉

Shikamoo, mwalimu.	先生，こんにちは．
― Marahaba.	こんにちは．
Shikamooni, walimu.	先生がた，こんにちは．
― Marahaba.	こんにちは．

その他の挨拶表現を以下にみておこう．（　）内は複数の相手に言う場合である．

〈8〉

Hodi.	ごめんください．
― Karibu.（Karibuni）	どうぞ，お入りなさい．／ようこそ．
Asante.（Asanteni）	ありがとう．
― Bila asante.	どういたしまして．
― Si kitu. / Si neno.	どういたしまして．
Samahani.	ごめんなさい．
― Bila samahani.	どういたしまして．
― Usijali.	気にしないで．

Samahani.	（ちょっと）すみません.
Kwa heri.（Kwa herini.）	さようなら.
— Kwa heri.	さようなら.
Lala salama.（Mlale salama.）	おやすみなさい.
Usiku mwema.	おやすみなさい.
Tutaonana.	また会いましょう.
— Tutaonana tukijaaliwa.	神の思し召しがあればまた会いましょう.
Alhamdulillahi.	おかげさまで.
Hongera!	おめでとう！
Tafadhali.（Tafadhalini.）	どうかお願いします．どうぞ.
Pole.（Poleni.）	お気の毒に.
— Asante, nimeshapoa.	ありがとう，大丈夫です.
Ugua pole.	（病人に）お大事に.

1 ダルエスサラーム国際空港

Maamkizi

練習問題

1. 次の会話の（　）の中に，適切な言葉を入れなさい．

① A: Hodi, hodi.
　 B: （　　　　　　　）
　 A: Hujambo, bwana?
　 B: （　　　　　　　）
　 A: Habari ya asubuhi?
　 B: （　　　　　　　）
　 A: Habari za nyumbani?
　 B: （　　　　　　　）
　　　Na wewe je?（　　　　　　　）?
　 A: Salama tu.
　　　Je, baba yako（　　　　　　　）?
　 B: （　　　　　　　）
　 A: Kwa heri.
　 B: （　　　　　　　）

② A: Shikamoo, mwalimu.
　 B: （　　　　　　　）
　　　Habari（　　　　　　　）?
　 A: （　　　　　　　）
　　　Lakini bado nina homa.
　 B: （　　　　　　　）
　 A: （　　　　　　　）, mwalimu.
　 B: Mama na baba（　　　　　　　）?
　 A: Ndiyo,（　　　　　　　）
　　　（　　　　　　　）ya shuleni?
　 B: （　　　　　　　）
　 A: Nyinyi nyote（　　　　　　　）?
　 B: （　　　　　　　）
　　　Rafiki zako wote wanakusubiri shuleni.
　 A: Asante, mwalimu.
　 B: Kwa heri.（　　　　　　　）
　 A: Asante, mwalimu. Nakushukuru kuja kuniona.

コラム 2　Shikamoo から始めよう

　スワヒリ語の挨拶の中で最も大切なのは，"Shikamoo."である．たとえ自分がどんなに社会的地位が高かろうとも，年上，特に老人に対してこの挨拶をすることを決して忘れてはいけない．相手が年上かどうか迷うこともしばしばあるが，その場合も，"Shikamoo."から始めるのが無難である．

　私がダルエスサラームに寄るときは，何かとお世話になっている知り合いの家に遊びに行くのだが，そこには庭仕事や門番をしている老人がいる．ここの主人は，この老人に対して"Shikamoo."と挨拶することを決して忘れない．その光景は至極当たり前のことで，私は大して気にも留めていなかった．しかし，ある日の夕方にこの家を訪れて庭で涼んでいるときのこと，私は片隅で椅子に座っているこの老人に"Habari za jioni?"と挨拶をした．しかし，この老人はその後何を話しかけても私に言葉を返すことはなかった．私はすぐに，"Shikamoo."と言わなかったことが理由だと察した．別の日にこの家を訪れた時，この老人を見かけたので，"Shikamoo."と声をかけると，"Marahaba."と笑顔で応えてくれた．そして，その日は，前の時とはうって変わって楽しく話することができたのである．

　小さな子供が"Shikamoo."と挨拶する時は，大人の頭に右手を置いて挨拶する習慣なので，帽子を脱ぎ，子供の手が届くように頭を下げてあげよう．（角谷　征昭）

3 自己紹介
Kujitambulisha

Yoko amekuja nyumbani kwao Neema, mjini Dar es Salaam.

Mama Neema:	Karibu. Karibu ndani.
Yoko:	Asante. Shikamoo, mama.
Mama Neema:	Marahaba. Habari za mchana?
Yoko:	Salama. Habari gani?
Mama Neema:	Nzuri tu.
Yoko:	Jina langu ni Yoko. Ninatoka Japani.
Mama Neema:	Unatoka mji gani?
Yoko:	Ninatoka Osaka. Unaujua Osaka?
Mama Neema:	Ndiyo. Osaka ni mji mkuu wa pili wa Japani, sivyo?
Yoko:	Ni kweli, mama.
Mama Neema:	Unafanya kazi?
Yoko:	Hapana. Mimi ni mwanafunzi wa chuo kikuu. Ninasoma Kiswahili na Kiingereza chuoni.
Mama Neema:	Aa, kwa hivyo unaongea Kiswahili vizuri sana.

3.1 動詞の構造と接辞

　スワヒリ語の動詞は「動詞語根」が中心で，それにさまざまな接辞がつけられる．そのような接辞がついた動詞1つで，いわゆる普通の「文」になることもできる．たとえば，「私はあなたが好きです」という文は，Ninakupenda. という動詞一語で表されるが，これは pend という動詞語根に，主語や現在時制，目的語を表す接辞や語尾がついた形である．ここでは，動詞について，その構造と，用いられる接辞について紹介し，動詞を用いる文を作って，簡単な会話ができるようにしよう．

　スワヒリ語の動詞の構造は，以下のような順で，動詞語根に接辞が連結される．直接法においては，□内の要素は必須で，（ ）内の要素は任意である．

(1) 動詞の構造

|主語接辞|-|時制接辞|-(目的語接辞)-|動詞語根|-(派生接辞)-|語尾|

　このように，接辞が順に連結されるような言語の形式は「膠着タイプ」と呼ばれる．スワヒリ語をはじめバントゥ諸語は典型的な「膠着タイプ」の言語である．学習者は，この順番と，それぞれの接辞の種類を覚え，それを組み合わせることによって，簡単な文を作り出すことができる．それぞれの接辞の種類を順に見ていこう（なお，接辞を示すときは，動詞語根の前にくる接辞については右に，後ろにくる接辞には左に，それぞれハイフンをつける．動詞語根にはハイフンをつけずに示す）．

(2) 主語接辞（人称代名詞接辞）

	単 数	複 数
1人称	ni-	tu-
2人称	u-	m-
3人称	a-	wa-

「主語接辞」というのは，主語の名詞クラスに呼応した接辞のことであり，ど

の名詞が主語であるかを示す役割を果たしている．たとえば〈本がなくなった〉という文では〈本〉が主語であるが，動詞は〈本〉の名詞に呼応する主語接辞をとらなければならない．主語の名詞がない場合は主語接辞が代名詞としてはたらく（以下の例では，接辞がわかりやすいように，当該の接辞の前後にハイフンを入れるが，スワヒリ語を書くときはハイフンを入れない）．

〈1〉

Kitabu ki-mepotea.	本がなくなった．
Ki-mepotea.	それがなくなった．

この例では〈本〉が主語なので，〈本〉が属する名詞クラスに呼応する主語接辞 ki- がついているが，どのような「もの」が主語であるかによって，主語接辞はかわってくる．この点については11課で詳しくみる．ここでは，主語が「私」や「あなた」といった人称代名詞の場合だけをみておこう．上にあげた一覧表の6つの接辞が，いわゆる「人称代名詞」の代わりになる主語接辞である．初級の段階の会話でもっとも頻繁に出てくる接辞なので，ここでしっかり覚えておこう．

主語が「私」や「あなた」など1，2人称の場合は，主語を表す名詞を伴わないのが普通だが，「彼/彼女」や「彼ら」など3人称の場合は，主語を表す名詞が動詞の前にくる場合もある．次の例文を，主語接辞に注意しながら発音してみよう．

〈2〉

Ni-natoka Osaka.	私は大阪から来ました．
U-najua Osaka?	あなたは大阪をご存知ですか．
A-nafanya kazi.	彼は仕事をしている．
Dada yangu a-nasoma Kiswahili.	私の姉はスワヒリ語を勉強している．
Tu-nasoma Kiingereza pia.	私たちは英語も勉強している．
M-naongea Kiswahili vizuri.	あなた達は上手にスワヒリ語を話しますね．
Wa-natoka Tanzania.	彼らはタンザニアから来ました．
Wanafunzi wote wa-napenda Tanzania.	学生はみんなタンザニアが好きだ．

（3） 時制接辞

現在（肯定）	na- / a-	6.1 節	現在（否定）	φ-	6.1 節
過去（肯定）	li-	6.2 節	過去（否定）	ku-	6.2 節
未来（肯定・否定）	ta-	7.1 節	習慣	hu-	10.2 節
完了（状態／存続）	me-	7.2 節	完了（否定）	ja-	7.2 節
完了（終了／強調）	mesha-	7.2 節	継起	ka-	29.1 節
仮定／付帯状況	ki-	9.2 節	仮想	nge-, ngali-	20.1 節

「時制接辞」というのは，動詞の構造の中で，主語接辞の次に連結される接辞の名称であって，すべてが「時制」を表す要素というわけではない．「時制」（テンス）とは，動詞の動作や状態がいつ起こったかという時間軸上の時点を表すもので，一般的に「過去」や「現在」，「未来」などを表す．「時制接辞」の中には，動詞の動作や状態が，始まったのか，終わったのか，継続しているのかなどを表す「相」（アスペクト）や，「仮定」などを表す「法」（ムード）なども含まれる．それぞれの時制接辞を用いた文の詳細については，のちの課で順次取り上げる（取り上げる個所は表中の節を参照のこと）．

（4） 目的語接辞（人称代名詞接辞）

	単 数	複 数
1 人称	ni-	tu-
2 人称	ku-	wa-, ku- -eni
3 人称	m-	wa-

「目的語接辞」というのは，目的語の名詞クラスに呼応した接辞のことであり，どの名詞が目的語であるかを示す役割を果たしているが，主語接辞とは異なり必須要素ではない．ただし，目的語が「人」を表す場合は必ず必要である．主語接辞と同様，目的語接辞のみがある場合は，それが代名詞としての役割を果たす．

〈3〉
Nilinunua kitabu.	私は本を買った.
Nili-ki-nunua kitabu.	私はその本を買った.
Nili-ki-nunua.	私はそれを買った.
Nina-m-penda Aisha.	私はアイシャが好きだ.
× Nina-penda Aisha.	
Nina-m-penda.	私は彼女（彼）が好きだ.

　主語接辞と同様，すべての名詞にそれぞれ，呼応する目的語接辞があるが，それらについては名詞クラスのところであらためてみることにしよう（11.1節参照）．ここでは，目的語が「私」や「あなた」といった人称代名詞の場合だけをみておく．

　左頁にあげた一覧表の接辞が，いわゆる「人称代名詞」の代わりになる目的語接辞である．2人称複数の接辞は2種類あり，1つはwa-で，もう1つは2人称単数の目的語接辞ku-と語尾-eniを組み合わせたものである．どちらを用いてもよい．次の例文を，目的語接辞に注意しながら発音してみよう．

〈4〉
Una-ni-penda?	あなたは私が好きですか.
Ndiyo, nina-ku-penda sana.	はい，とても好きです.
Mama ana-m-penda Juma?	お母さんはジュマが好きですか.
Mama ana-tu-penda.	お母さんは私たちのことが好きです.
Tuna-wa-penda. / Tuna-ku-pend-eni.	私たちはあなたたちのことが好きです.
Mwalimu ana-wa-penda wanafunzi.	先生は学生たちが好きです.

　また，目的語接辞の位置にくる接辞として，「再帰接辞」と呼ばれる接辞がある．再帰接辞ji-は「自分を」という意味を表し，動作をおこなう主体とそれを受ける人が同一である場合に用いられる．再帰接辞がついた形で語彙化していると考えられる例もある．

〈5〉
Juma ana-ji-penda sana.	ジュマは自分のことがとても好きだ.
Ana-ji-ona.	彼はうぬぼれている．（ona 見る）
Wengi wali-ji-ua.	多くの人が自殺した．（ua 殺す）
Tuna-ji-funza Kiswahili.	私たちはスワヒリ語を学んでいる（funza 教える）

(5) 動詞語根

スワヒリ語を学習する上で覚えておきたいのは，子音で終わる語根（子音語根）と母音で終わる語根（母音語根）があるということと，語根の母音（と派生接辞）が母音調和するということの2つである．

子音語根の方が一般的で，数も多い．pend〈好きだ〉や tok〈出る，〜の出身だ〉，fany〈する〉などが子音語根である．子音語根で一番短いものは，j〈来る〉や l〈食べる〉などのように，子音1つからなるものである．一般に動詞は語根に基本語尾 -a をつけた形で示されるので，子音1つの語根や子音＋w の語根は「単音節動詞」と呼ばれる．

〈6〉 単音節動詞の例

ja	来る	la	食べる
fa	死ぬ	wa	〜である（Be動詞）
nya	大便をする	nywa	飲む
cha	夜が明ける	chwa	日が暮れる
pwa	潮が引く	pa	与える

単音節動詞が普通の肯定文に現れるときは，動詞語根の前に ku- が入る（ただし，ku- が入らない場合があるが，それについては 6.1 節参照）．

〈7〉
Yoko ame-ku-ja nyumbani kwa Neema. ようこはネエマの家に来た．
Tuna-ku-la wali na samaki. 私たちはご飯と魚を食べます．
Wengi wali-ku-fa kwa vita. 多くの人が戦争で死んだ．

母音語根の動詞は ju〈知る〉や ka〈座る，住む〉などであるが，一番短い母音語根は，o〈結婚する〉と u〈殺す〉である．oa や ua は（当然ながら）「単音節動詞」とは呼ばれず，〈7〉のように詞語根の前に ku が入ることはない．例文をみておこう．

〈8〉
Juma amemw-oa Aisha. ジュマはアイシャと結婚した．
Paka ame-ua panya. 猫がネズミを殺した．

母音調和とは，1つの単語の中で，特定の組み合わせの母音が現れる現象を指す．スワヒリ語の動詞語根は母音が1つのものが基本だが，母音が複数ある場合は原則的に，{a, i, u} の組み合わせか，{e, o} の組み合わせになっている．

〈9〉 複数の母音をもつ動詞語根（基本語尾 -a のついた形）

nunua	買う	ongea	話す，しゃべる
amkia	挨拶する	ondoa	取り除く
angalia	見る，気をつける	potea	なくなる
tumia	使う	tembea	歩く，散歩する

ただし，借用語（アラビア語源の動詞）については，この規則はあてはまらない．また，借用語の動詞は語尾 -a をとらず，i, u で終わるのが一般的である（o で終わるものはない．e で終わるものはごく少数である）．

〈10〉 借用語の動詞の例

salimu	挨拶する	furahi	喜ぶ
ruhusu	許可する	safiri	旅する
jibu	答える	rudi	戻る
sahau	忘れる	samehe	赦す

語根が子音語根か母音語根かということや，母音調和について知っておいた方がいいのは，動詞語根の後ろにくる派生接辞が，それに関して形態が変わってくるからである．この点については，次の派生接辞の説明のところでみてみよう．

(6) 派生接辞

受動形	-w, -liw / -lew	13.1 節
適用形	-i / -e, -li / -le	13.2 節
使役形	-ish / -esh, -iz / -ez	14.1 節
相互形	-an	16.1 節
反転形	-u / -o	16.2 節
状態形	-ik / -ek, -lik / -lek	19.1 節
可能形	-ikan / -ekan, -likan / -lekan	19.2 節

派生接辞は，任意に動詞語根の後ろについて，動詞を「受動形」や「使役形」などに変える．動詞が派生形になると，それぞれの名称が表すような意味が動詞に加わるとともに，主語や目的語などの統語関係が変わるという文法的な変化も起こることになる．

　相互形の接辞 -an のみが不変の形で，どのような動詞語根にもこの形でつくが，他の接辞は，動詞語根によって形態が変わる．表の中で，/（スラッシュ）をはさんでペアになっているのは，母音調和によってどちらかが選ばれる．基本的に，語根の母音が {a, i, u} の場合，派生接辞の母音が i になり，{e, o} の場合は e になる．ただし，反転形の接辞は，語根の母音が o の場合のみ，-o になり，それ以外の母音の場合はすべて，-u である．適用形の接辞 -li/-le のように，子音 l で始まる接辞は，母音語根につく場合の形である．

　それぞれの接辞についての詳細は，表中に示されている節のところで取り上げるので，そちらを参照されたい．

(7)　語尾

基本	-a
現在否定	-i
接続形	-e
複数	-eni

　基本の語尾は -a であり，辞書に掲載される動詞の形は「語根 + a」である．スワヒリ語固有の動詞はすべてこの基本語尾をとるが，借用語はこれをとらない．〈10〉の例にみたように，借用語の動詞は基本的に a 以外の母音で終わる．ただし，借用語も派生接辞がついた場合は基本語尾が加えられる．

　なお，今後，動詞の語根を単独で示すときは「語根 + a」の形で示す．また，この形のものを「動詞語幹」と呼ぶことにする．動詞語幹には任意に派生接辞が加わることもある．

3.2 動詞を用いる文の基本的な語順

前頁にみたように，スワヒリ語では動詞1つで「文」になることもある．主語にあたる名詞句がある場合は動詞の前に，目的語にあたる名詞句がある場合は動詞の後ろにおかれるのが基本的な語順である．その他，時や場所を表す語句は動詞の後ろにおかれる．疑問文でも語順は変わらず，疑問詞もその答えに対応する名詞句がおかれる場所におかれる．次の文を発音練習してみよう．

〈11〉

Juma anatoka wapi?	ジュマはどこの出身ですか．
Anatoka Tanzania.	彼はタンザニアの出身です．
Anasoma nini?	彼は何を勉強していますか．
Anasoma Kijapani.	彼は日本語を勉強しています．
Nani anamfundisha Juma?	誰がジュマを教えていますか．
Yoko anamfundisha.	よう子が彼を教えています．

「私」や「あなた」が主語である場合は，主語接辞だけで十分であるが，特にそれを強調したいような場合は，動詞の前に主語として独立人称代名詞をおくことができる．独立人称代名詞は名詞と同じように単独で用いることができる．

独立人称代名詞

	単　数	複　　数
1人称	mimi	sisi
2人称	wewe	nyinyi / ninyi / nyiye
3人称	yeye	wao

独立人称代名詞を用いた例を見てみよう．

⟨12⟩
Na wewe je?	で，あなたはどうですか．
Mimi ninampenda sana.	私は，彼のことが大好きです．
Lakini yeye anakupenda wewe!	でも，彼は，あなたのことが好きです．
Nyinyi nyote hamjambo?	あなた方みなさん，お元気ですか．
Sisi sote hatujambo.	私たちみんな，元気です．

練 習 問 題

テキストの会話を参考にしながら，次の会話をスワヒリ語で書きなさい．
（○○の部分は自分のことについて書いてください）

A： こんにちは．

B： こんにちは．

A： お元気ですか．

B： はい，元気です．

A： 私の名前は○○です．

B： あなたはどこから来ましたか（どこの出身ですか）．

A： 私は○○から来ました（○○の出身です）．

B： あなたは今，どこに住んでいますか．

A： 私は今，○○に住んでいます．
あなたは○○を知っていますか．

B： はい。私は○○に住んでいます．

A： 本当ですか．

B： あなたはスワヒリ語を上手に話しますね．

A： はい，私は大学でスワヒリ語を勉強しています．

B： 私も大学でスワヒリ語を勉強しています．

A： 私たちはスワヒリ語を勉強しているんですね．さようなら．

B： さようなら．大学で会いましょう．

コラム3 "Pole."

　Pole を辞書で調べると"Sorry!"とか"My sympathy!"とか書いてある．「ははぁ，『お気の毒に』とか『ごめんなさい』とかってことだな」と理解した．
　初めてタンザニアの村で調査をしたときのことである．交通手段がないので，村に行くトラックの荷台に乗せてもらった．道はもちろん舗装されておらず，土ぼこりをたてながら一時たりともお尻を椅子の上に留めておくことができないほどのデコボコ道をひたすら走る．目的地に着いたときは身体じゅう土ぼこりをかぶり，私はよれよれになっていた．トラックを止めて荷台を開けてくれた運転手が私に向かって開口一番"Pole."と言った．
　え！？これって「ごめんなさい」の意味？何で謝るの？それとも「かわいそうに」のほう？ 私があんまりよれよれだから哀れんでくれてるの？ いずれにしても Pole なんて言ってくれなくてもいいのに．私がお礼を言わなきゃいけないのに……
　あわてて"Pole"を取り消してもらおうと「ううん，乗せてもらって私はとっても感謝してるの．それに初めての体験をとっても楽しんでるからつかれてないの．はんとに私は大丈夫．」つたないスワヒリ語でいろいろ言ってみたのだが，どうも周りの様子が変である．事情がつかめていない私に，隣にいた人が「"Asante."って言えばいいんだよ」と教えてくれた．Pole は「お詫び」よりもむしろ「ねぎらい」に使われることが多い．"Sorry"という英訳のために混乱してしまったが，このときの Pole も「おつかれさま」という意味だったのだ．Pole na safari. とか Pole na kazi. とか，「おつかれー」と声をかけあうのに慣れている私たちにとってはけっこう使える単語である．（米田 信子）

4 よう子とネエマ
Yoko na Neema

Yoko ni mwanafunzi wa Idara ya Kiswahili katika Chuo Kikuu cha Osaka. Anatoka kusini mwa Osaka, anakaa bwenini sasa. Yeye anasoma lugha ya Kiswahili na Kiingereza. Anaweza kuongea Kiswahili vizuri sana. Anasoma Kiswahili kwa sababu anataka kwenda Afrika ya Mashariki. Anataka kusafiri nchi ya Tanzania na Kenya ili kuwaona watu wa sehemu mbalimbali. Pia anataka kwenda mbuga za wanyama kuangalia wanyama pori, halafu anataka kwenda kupanda Mlima Kilimanjaro.

Neema ni mwanafunzi wa Chuo Kikuu cha Dar es Salaam. Yeye anasoma elimu ya siasa. Siku moja Yoko alipata jina la Neema na anwani yake ya barua-pepe kwenye intaneti. Waliandikiana barua-pepe mara kwa mara. Baada ya mwaka mmoja, Yoko alipata nafasi ya kusafiri kwenda Tanzania.

4.1 動詞を用いない文(1)：コピュラ文

「AはBである」や「AはBを持っている」,「AはBにある」などのような文は，英語ではBe動詞やHave動詞といった基本的な動詞を用いて表されるが，スワヒリ語では，動詞を用いないで，それぞれ特別な語を用いて表す．ここでは「AはBである」という文をコピュラ文,「AはBを持っている」という文を所有文,「AはBにある」という文を存在文と呼び，この課ではコピュラ文について，次の課では所有文と存在文についてみていくことにしよう．

(1) コピュラ文： 繋辞 ni（肯定），si（否定）を用いる

「AはBである」　A ni B.
「AはBでない」　A si B.

AやBには名詞のほか形容詞や不定詞に相当する語も入りうる．コピュラ文は基本的にはこのような語順であるが，肯定の繋辞は省略することも可能である．また，Aを省略し繋辞から始める形もありえる．それぞれの例を以下にみてみよう．

〈1〉

Mimi ni mwanafunzi.	私は学生です．
Mimi si mwalimu.	私は先生ではありません．
Jina langu ni Yoko.	私の名前はよう子です．
Kuona ni kuamini.	見ることは信じること．（諺）
Mimi Mjapani.	私は日本人です．
Akili mali.	知恵は財産．（諺）
Ni Mtanzania.	タンザニア人です．
Si Mkenya.	ケニア人ではありません．
Ni kweli?	本当ですか？

これに関連して,「AこそがBである」であるという言い方がある．繋辞の強調形ともいえる ndi- という語を用いるのであるが，ndi- には後ろに関係接辞がつかなくてはならず，少しやっかいである．ここでは簡単に例だけあげておく（詳

しくは 24 課を参照のこと).

⟨2⟩
Mimi ndiye mwalimu.	私こそが先生です.
Huu ndio Mlima Kilimanjaro.	これこそがキリマンジャロ山です.
Polepole ndio mwendo.	ゆっくりこそが歩み．（諺）
Kupotea njia ndiko kujua njia.	道に迷うことこそが道を知ること．（諺）

2 ダルエスサラームの街角

4.2 属辞 –a「〜の」と所有詞

この課のテキスト本文には，ya や cha，kwa など「子音（+w）+a」からなる語がたくさんみられるが，「〜と」という意味を表す na 以外は，すべて「属辞」と呼ばれるものである．属辞は「A 属辞 B」という語順で，おおまかに「B の A」という意味を表す（なお，A を省略して「属辞 B」というのも可能である）．例をみてみよう．

⟨3⟩

kitabu cha Neema	ネエマの本
cha Neema	ネエマの（もの）
watu wa Afrika	アフリカの人々
jina la mtoto	子供の名前
mwanafunzi wa Chuo Kikuu cha Osaka	大阪大学の学生
mji mkuu wa pili wa Japani	日本の二番目の大都市

属辞は，前にくる名詞（句）A の名詞クラスに呼応して形が変わる．それぞれの形を覚えるのは手間であるが，早く覚えておきたい人は，11.1 節を参照のこと．

所有詞は「私の」，「あなたの」などを表す代名詞で下の 6 つがある．属辞と同じく，修飾する前の名詞（句）の名詞クラスに呼応し，属辞と同じ子音をとることになる．

所有詞

	単 数	複 数
1 人称	-angu	-etu
2 人称	-ako	enu
3 人称	-ake	-ao

3 人称は所有者が人間以外の場合もあり得る．それゆえ，3 人称単数は「彼の，彼女の，それの」，3 人称複数は「彼らの，彼女らの，それらの」という意味を表す．所有詞が単独で現れて「私のもの」，「あなたのもの」という意味で用いられることもできる．所有詞の例をみておこう．

〈4〉

kitabu changu	私の本
changu	私のもの
jina lako	あなたの名前
miguu yake	彼/彼女/それの足
chuo kikuu chetu	私たちの大学
mwalimu wetu	私たちの先生
mji wenu	あなたたちの町
nchi yao	彼らの国

3 ダルエスサラームの街角：ココヤシ売り

4.3　動詞の不定形

　英語の to 不定詞のように，スワヒリ語にも不定詞に相当するものがある．「動詞の不定形」と呼ばれるもので，kusoma〈読むこと〉や kuona〈見ること〉などのように，動詞語幹の前に ku- をつける形である（目的語接辞をとることもできる）．

　不定形の用法には，英語の不定詞のように，「名詞的用法」，「副詞的用法」，「形容詞的用法」などがあり，また，同じ時制の文の繰返しを避けるためにも用いられる．それぞれの用法に分けて，例文をあげていこう．

〈5〉　名詞的用法
Kuona ni kuamini.
Kupotea njia ndiko kujua njia.
Ninataka kusoma Kiswahili.
Yoko anataka kusafiri nchi ya Tanzania.
Anaweza kuongea Kiswahili vizuri sana.
Wanaweza kupanda Mlima Kilimanjaro kwa rahisi.

〈6〉　副詞的用法（接続詞 ili をともなってもよい）
Tunasoma Kiswahili ili kusafiri Tanzania.
Yoko alikwenda Tanzania ili kuwaona watu wa sehemu mbalimbali.
Alikwenda Moshi kupanda Mlima Kilimanjaro.
Kusema kweli, alikwenda Tanzania kusoma Kiswahili.

〈7〉　形容詞的用法（修飾される名詞との間に属辞を入れる必要がある）
kitabu cha kusoma
wakati wa kupanda Mlima Kilimanjaro
nafasi ya kusafiri Tanzania
mkono wa kulia

⟨8⟩ 同じ時制の文の繰返しを避ける
　　（後ろの文の主語接辞と時制の部分を ku- にする）

Nilisoma kitabu na kuandika barua.
Alipanda Mlima Kilimanjaro na kuangalia wanyama pori.
Tulikwenda Tanzania na kuongea na watu mbalimbali.
Yoko alipata jina la Neema kwenye intaneti na kuandika barua-pepe.

不定形の否定は ku- 後ろに to- を加える（単音節動詞の場合は，to- の後ろにさらに ku- がつく）．

⟨9⟩
kutosoma	読まないこと
kutosafiri	旅行しないこと
kutokula	食べないこと
kutokuja	来ないこと
Kutosema uwongo ni kuzuri.	うそを言わないことは良い．

4 ダルエスサラーム街角：靴売りのおにいちゃん

練 習 問 題

1. 次の文をスワヒリ語で書きなさい．
   1. 私は日本人です．中国人 (Mchina) ではありません．
   2. 彼はタンザニア人ではありません．ケニア人です．
   3. 彼女の名前はよう子です．
   4. 愛することは信じること．
   5. キリマンジャロ山に登ることはやさしい．
   6. 食べないことは良くない．

2. 次の単語を使って，それぞれの名詞句をスワヒリ語で書きなさい．

kitabu 本	chuo kikuu 大学
mwalimu 先生	mwanafunzi 学生
jina 名前	nchi 国

   1. あなたの本，彼女の本，私たちの本，学生の本
   2. 私の大学，彼の大学，あなたたちの大学，彼らの大学，よう子の大学
   3. 彼女の先生，私たちの先生，彼らの先生，大学の先生
   4. 私の学生，彼の学生，あなたたちの学生，大阪大学の学生
   5. あなたの名前，彼女の名前，本の名前，先生の名前，国の名前
   6. 私の国，あなたの国，彼の国，私たちの国，あなたたちの国，彼らの国

3. 次の文をスワヒリ語で書きなさい．
   1. 私はタンザニアを旅行するためにスワヒリ語を勉強している．
   2. ネエマは日本に来るために日本語を勉強している．
   3. 彼女は日本語を話したい．
   4. 私はスワヒリ語を上手に話すことができる．
   5. あなたはキリマンジャロ山に登りたいですか．
   6. よう子はタンザニアに行って，野生動物をみた．

コラム 4

Bahati mbaya.

　自分の過失かどうかに関わらず，誰かに迷惑をかけた時になんと言うか．罪を認めて"Samahani."「ごめんなさい」というか．そういうと，「私の責任です．許してください．こちらが対処します．」という意味だと受け取られるかもしれない．そこで，「私の責任ではない．完全にあなたの過失だ．」と伝えたいならば，"Shauri yako."と言えばよいが，少し突き放した感じになる．「誰も責められないけれど，あなたには同情します．」という気持ちを伝えたい時に最適な言葉がある．それが，"Bahati mbaya."「不運だった．」である．

　私は以前，ンベヤ (Mbeya) の町に泊る時はいつも同じ食堂で夕食をとっていた．店員は愛想がよく，味も値段もそこそこの良い店だった．しかし，この店のライスはよろしくない．どんなに味が良くても，一度石を噛むとそれまで美味しかったご飯も無味になり，食欲が失せてしまう．最初の頃は我慢していたが，状況は改善されそうもなく，噛む度に「うわぁ！石噛んだ！」と言うようにした．しかし，そのたびに店のおばさんは冷めた表情で私に言った．"Pole sana. Bahati mbaya."「本当にかわいそうに．ついてないだけで，誰も悪くないのよ．」と言った意味合いであるが，結局「私は悪くないから，お代は払ってよ．」と言っているのだ．"Pole."は「かわいそうに．」という意味である．困ってる人，病気や痛んでいる人，くしゃみをした人，そして，不運な人に対しては，とりあえず，"Pole."と言おう．すると，"Asante."と返ってくる．

　（角谷　征昭）

5　兄弟は何人？

Una ndugu wangapi?

Dada yake Neema, Aisha ameleta chai.

Aisha: Mambo vipi, shoga?
Yoko: Safi, dada.
Aisha: Karibu chai.
Yoko: Asante.
Aisha: Mimi ninaitwa Aisha. Neema ni mdogo wangu.
Yoko: Ala, mnafanana sana. Una ndugu wangapi?
Aisha: Tuko watano. Mimi ni mtoto wa kwanza. Wa pili ni Neema.
Yoko: Wadogo wako wengine wako wapi?
Aisha: Wako shuleni. Mmoja anasoma shule ya msingi. Yuko darasa la saba. Wengine wawili wanasoma sekondari. Na wewe je? Una ndugu wangapi?
Yoko: Tuko wawili tu. Nina kaka mmoja.
Aisha: Unaishi pamoja na kaka yako?
Yoko: Hapana. Kaka yangu anakaa nyumbani pamoja na wazazi wangu. Ninakaa peke yangu shuleni.
Aisha: Una umri gani?
Yoko: Nina miaka ishirini na moja.
Aisha: Kumbe, umri wako ni sawasawa na Neema.
Yoko: Ndiyo. Tulizaliwa mwaka elfu moja, mia tisa, themanini na tatu.

5.1 動詞を用いない文(2)：所有文

コピュラ文に引き続き，「AはBを持っている」という所有文についてみてよう．所有文は，-naという所有辞に主語接辞がついた語が中心になり，その後ろに「所有物」を表す名詞句がくる．主語接辞に呼応する「所有者」の名詞句は任意である．

(1) 所有文：　（所有者）　主語接辞-na　所有物

〈1〉

Ni-na kitabu cha Kiswahili.	私はスワヒリ語の本を持っている．
Baba yangu a-na gari.	私の父は車を持っている．
Neema a-na ndugu wanne.	ネエマは4人の兄弟がいる．
Wanafunzi wa-na vitabu vingi.	学生たちはたくさんの本を持っている．
Tu-na miaka kumi na tisa.	私たちは19歳です．

「所有物」にあたる名詞句にはnjaa〈空腹〉やkiu〈のどの渇き〉なども可能であり，そのような状態を表す文になる．また，これらの文の否定は，否定主語接辞（2.1節参照）を用いて表す．

〈2〉

Ni-na njaa.	私はおなかがすいた．
U-na kiu?	のどが渇いた？
Hapana, si-na kiu.	いや，のどは乾いてない．
Juma ha-na ndugu.	ジュマは兄弟がいない．
Wanafunzi hawa-na kamusi.	学生たちは辞書を持っていない．
Hatu-na gari.	私たちは車を持っていない．

上にあげたのは「人」が主語となる例ばかりだが，「物」や「場所」が主語になる場合もある．右頁に例をあげておくが，詳しくは「名詞クラス」のところでみることにする．

⟨3⟩
Nyumba hii i-na vyumba vitatu.	この家には3つ部屋がある．
Ku-na watu wengi hapa.	ここには大勢の人がいる．
Haraka haraka hai-na baraka.	急ぐことに恵みはない．（諺）

5 ダルエスサラームの街角：とうもろこし売り

5.2 動詞を用いない文(3)：存在文

「AはBにある」という存在文の基本は，「Aがある」ということを表す語である．それは -po / -ko / -mo という存在辞に主語接辞がついた語である．-po / -ko / -mo は存在する場所の種類によって使い分けられる．-po は「まさにここ」というように，特定された定点的な場所を指す場合に用いられる．それに対して -ko は，「だいたいこのあたり」というように，不特定でそれなりの広がりをもった場所を指す．存在場所がわからないで尋ねるような時も -ko が使われる．-mo は「〜の中」というように，何かの中に存在することを表す．

存在文に用いられる主語接辞のうち，3人称単数の場合のみ，今までみてきた接辞とは形が異なる．a- ではなく，yu- になる（否定の場合は，hayu- である）．

(1) 存在文： （存在物） 主語接辞 -po / -ko / -mo （場所）

〈4〉

Juma yu-ko wapi?	ジュマはどこにいるの？
Yu-ko shuleni.	彼は学校にいる．
Ni-po hapa!	私はここにいます．
Aisha hayu-po.	アイシャはいません．
Wanafunzi wa-mo darasani.	学生たちは教室の中にいます．
Kitabu ki-ko juu ya meza.	本は机の上にあります．
Penye nia i-po njia.	意志のあるところに道あり．（諺）

-ko を用いる文は「状態」を表すこともある．たとえば，〈準備できている〉や〈5人兄弟だ〉などのような「状態」である．例文をみておこう．

〈5〉

Ni-ko tayari.	私は準備 OK です．
Tu-ko ndugu watano.	私たちは5人兄弟です．
Ndizi za Afrika zi-ko aina nyingi.	アフリカのバナナは種類が多い．

5.3 数詞

スワヒリ語の数詞には，〈1, 2, 3, 4…〉と数える時に使う「基数詞」と，〈3冊の本〉という時のように，名詞を形容するのに使う「数形容詞」，そして〈2人目の子供〉というように，順番を表すのに使う「序数詞」がある．

基数詞は不変の形なので，以下にあげる形をこのまま覚えておこう．数形容詞と序数詞は，修飾する名詞のクラスに呼応して形が変わるので，ここでは，その基本となる形といくつかの例をあげておく．

(1) 基数詞

0	sifuri	11	kumi na moja
1	moja	12	kumi na mbili
2	mbili	19	kumi na tisa
3	tatu	20	ishirini
4	nne	30	thelathini
5	tano	40	arobaini
6	sita	50	hamsini
7	saba	60	sitini
8	nane	70	sabini
9	tisa	80	themanini
10	kumi	90	tisini

100	mia	120	mia moja na ishirini
200	mia mbili	306	mia tatu na sita
400	mia nne	578	mia tano, sabini na nane
600	mia sita	999	mia tisa, tisini na tisa
1,000	elfu moja	1,985	elfu moja, mia tisa, themanini na tano

2,000	elfu mbili	10,000	elfu kumi
20,000	elfu ishirini	20,005	ishirini elfu na tano
100,000	laki moja	1,000,000	milioni moja

(2) 数形容詞

　数形容詞は，〈1人の子供〉，〈2冊の本〉というように，名詞を修飾するときに使われる形であるが，数形容詞のうち〈1, 2, 3, 4, 5, 8〉だけ，修飾する名詞に呼応して形が変わる．正確に言えば，それぞれの名詞クラスに呼応した接頭辞をとるのである．また，数を尋ねる疑問詞 -ngapi〈いくつの？〉も名詞に呼応した形になる．あとの数形容詞は基数詞と同じ形であり不変である．名詞に呼応して接頭辞をとる数形容詞の語幹は以下のとおりである．

-moja	1つの	-nne	4つの
-wili	2つの	-tano	5つの
-tatu	3つの	-nane	8つの

〈6〉
kitabu kimoja	1冊の本
vitabu viwili	2冊の本
vitabu vitatu	3冊の本
vitabu sita	6冊の本
vitabu vingapi	何冊の本？
mwanafunzi mmoja	1人の学生
wanafunzi wanne	4人の学生
wanafunzi saba	7人の学生
wanafunzi wangapi	何人の学生？
mwaka mmoja	1年，1歳
miaka mitano	5年 / 5歳
miaka tisa	9年 / 9歳
miaka mingapi	何年？/ 何歳？

　11以上の数形容詞は基数詞と同じであるが，一桁目が上にあげた数字である場合，その一桁目だけが名詞に呼応することもある．

〈7〉
vitabu kumi na mbili / kumi na viwili	12冊の本
wanafunzi ishirini na tano / ishirini na watano	25人の学生

(3) 序数詞

　序数詞は，〈2冊目の本〉というように順番を表す表現で，基本的に「属辞＋基数詞」の形で表わされ，修飾する名詞の後ろにくる．ただし，1番目と2番目の場合だけ，基数詞とは異なる語を用いる．〈1番目の〉は〈最初〉という意味の語を用いて，属辞＋kwanza，〈2番目の〉は属辞＋piliで表す．ちなみに，〈最後の〉という場合は，属辞＋mwishoで表す．また，修飾する名詞なしで，序数詞だけで現れることも可能である．その場合は，〈2番目のもの〉というような意味になる（属辞の呼応から，どのような名詞クラスのものを指しているかがわかる）．例をみてみよう．

〈8〉

kitabu cha kwanza	1冊目の本，最初の本
kitabu cha pili	2冊目の本
cha tatu	3番目の（もの）
kitabu cha mwisho	最後の本
mtoto wa kwanza	1人目の子供，最初の子供
mtoto wa tano	5人目の子供
wa sita	6番目の（人）
mtoto wa mwisho	最後の子供

　たとえば〈1月1日〉というように日付を言うときは，月は序数詞，日は基数詞を用いて表すが，〈1日〉と〈2日〉だけ異なる形を用いる．日にちや曜日を尋ねる言い方とともに覚えておこう．

〈9〉

mwezi wa kwanza	1月
mwezi wa pili	2月
mwezi wa tatu	3月
tarehe mosi / moja	1日
tarehe pili / mbili	2日
tarehe tatu	3日
Leo ni tarehe gani / ngapi?	今日は何日？
Leo ni siku gani?	今日は何曜日？

Jumamosi	土曜日	Jumapili	日曜日
Jumatatu	月曜日	Jumanne	火曜日
Jumatano	水曜日	Alhamisi	木曜日
Ijumaa	金曜日		

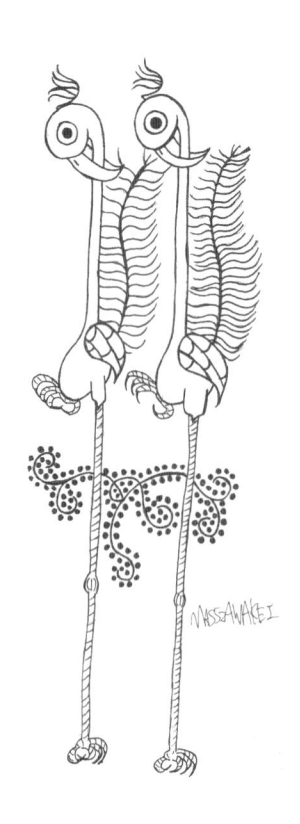

練習問題

1. 次の文をスワヒリ語の所有文を用いて書きなさい．
   1. 私は5冊の本を持っている．
   2. 彼には1人のお姉さんがいる．
   3. ネエマには4人のきょうだいがいる．
   4. あなたたちはおなかがすきましたか．
   5. いいえ，私たちはおなかはすいていません．

2. 次の文をスワヒリ語の存在文を用いて書きなさい．
   1. あなたのお父さんはどこにいますか．
   2. 彼は家にいます．
   3. 彼らは3人兄弟です．
   4. 彼の下の兄弟たちは東京にいます．
   5. 学生たちは準備ができている．

3. 次の空欄にスワヒリ語で数字を書き入れなさい
   （自分のことを書いて下さい）．
   1. Nilizaliwa tarehe ____, mwezi wa ____, mwaka _____.
   2. Nina miaka _____ sasa.
   3. Nina ndugu _____. Mimi ni mtoto wa _____.（au Sina ndugu．）
   4. Kuna wanafunzi _____ darasani.
   5. Kuna nchi _____ katika Afrika.
   6. Leo ni tarehe gani? Leo ni tarehe _____, mwezi wa _____.
   7. Leo ni siku gani? Leo ni _____.

コラム5
タンザニア若者ことば 1 ― ストリートのことば

　タンザニアに下り立ち，まず現地の人に教えてもらうのが，Mambo?「調子はどうだい？」— Poa!「最高さ！」という表現ではないだろうか．若者ことばの第一歩だ．スワヒリ語の世界にだって，教科書で習う丁寧な表現もあれば，若者らしい表現もある．両方をうまく使い分けることで，現地の人々のことをもっと深く知ることができるはずだ．

　スワヒリ語にはさまざまな地域方言（ザンジバル方言，ペンバ方言など）があるが，それとは別に，標準スワヒリ語が変化した若者ことば，すなわち Lugha ya Mitaani（直訳すると「ストリートのことば」）がある．ケニアの若者ことばは，Sheng（シェン）や Engsh（エンシュ）として有名だが，タンザニアの若者ことばは，政府が標準スワヒリ語を推進してきた事情もあり，その姿がなかなか見えてこなかった．が，最近になって，テレビやタブロイド紙のおかげで，タンザニアの若者ことば Lugha ya Mitaani も徐々に市民権を得てきている．Lugha ya Mitaani は，もともと都市の若者，特にダルエスサラームの貧しく，ストリートを彷徨う若者たちの間で使われていたことばだ．英語らしい単語をところどころ混ぜるのが特徴だが，彼らは必ずしも英語を話せるわけではない．混ぜる英語の単語も，元の形や意味とはかけ離れているものが多い．

　たとえば denti といえば女学生のこと．Student が語源だが，制服を着て教育を受けているお嬢様風の女の子を指す．Mchizi はクールガイ，友達（ダチ）を意味する．語源は食べるチーズ．Chizi が白人のことを指すようになり，いつしか mchizi でカッコいい男一般の意味になった．ちなみに mchizi と語源の同じ machizi は「狂人」を指す．Noma!「うざい！」の語源には，No, man! と normal の両方の説がある．いずれにせよ，ストリートのことばは，あっという間に形と意味を変えてしまうのが特徴だ．　（阿部 優子）

6　食べ物談義 1

Mazungumzo juu ya chakula 1

Neema:	Yoko, una njaa?
Yoko:	Sina njaa sana. Lakini nina kiu kidogo. Naomba maji.
Neema:	Pokea, maji haya.
Yoko:	Asante.
Neema:	Ni kweli Wajapani wanakula samaki wabichi?
Yoko:	Ndiyo. Tunakula sana.
Neema:	Aa, siwezi kula samaki wabichi. Hatuli samaki wabichi. Tunakula samaki wa kukaanga au wa kupika tu.
Yoko:	Kusema kweli, mimi sili sana samaki wabichi.
Neema:	Unapika mwenyewe?
Yoko:	Ndiyo, napika mwenyewe bwenini. Wewe hupiki?
Neema:	Napika. Mama, mimi na dada Aisha tunapika kwa zamu. Hatupiki pamoja.
Yoko:	Unapika chakula gani?
Neema:	Kwa kawaida tunapika ugali na mchuzi. Tunakula sambusa au chapati na kunywa chai asubuhi.
Yoko:	Mimi sijui namna ya kupika vyakula vya Kiafrika.
Neema:	Hukusoma mambo ya mapishi ya Kiafrika?
Yoko:	Nilisoma aina ya vyakula vya Kiafrika, lakini sikusoma namna ya kupika vyakula.
Neema:	Sawa. Mama atakuonesha namna ya kupika ugali.

6.1 「現在」を表す文（時制接辞 na-/a-）

3.1節で紹介したように，スワヒリ語の動詞は語根にさまざまな接辞をつけて活用させる．いわゆる動詞の現在形や過去形などは時制接辞を取り換えることによって作ることができる．3.1節（3）にあげた時制接辞の一覧の順にそって，それぞれの時制接辞を用いた文を，順にみていくことにしよう．それぞれの文には，便宜的に時制接辞の名前をもちいて，『「時制接辞の名前」を表す文』というように呼ぶことにする．それぞれ肯定形と否定形があるが，否定形のない文もある．

「現在」を表す文は，時制接辞に na- と a- の2つがある．どちらも同じように用いられるが，na- の方が一般的である．この時制を用いた文は，現在進行している動作や状態，習慣的に行っていることや，普遍的な事実（太陽は東から昇る，など）を表す．

(1)「現在」の肯定形

主語接辞 -na/a-(目的語接辞)-動詞語幹-a

a- を用いる場合は主語接辞と融合した形になる．融合した形を以下にあげておく．
（注：これ以降に出てくる ＜ の記号は，右側の形態素の並びが左側のような形になって現れることを表す．逆に ＞ の記号は，左側の形態素の並びが右側のような形になって現れることを表す．あるいは単に，派生の方向を表す場合もある.)

〈1〉

Nasoma Kiswahili.	（＜ Ni-a-soma）
Wajifunza Kiingereza?	（＜ U-a-jifunza）
Aomba maji.	（＜ A-a-omba）
Twaongea Kijapani.	（＜ Tu-a-ongea）
Mwapika ugali?	（＜ M-a-pika）
Wajua Kijerumani.	（＜ Wa-a-jua）

「現在」を表す文の否定形は，時制接辞がなくなり（時制接辞が φ- になるとも言える）否定主語接辞（2.1節参照）と現在否定の動詞語尾 -i がつく．

(2)「現在」の否定形

|否定主語接辞| - φ -(|目的語接辞|)- |動詞語幹| -i

〈2〉
Si-tak-i kwenda Nairobi.	私はナイロビに行きたくない.
Hu-som-i Kiingereza?	英語は勉強しないの？
Neema ha-pend-i ugali.	ネエマはウガリが好きでない.
Hatu-tok-i Kenya.	私たちはケニアの出身ではありません.
Ham-pik-i pamoja?	あなた達は一緒に料理をしないの？
Hawa-ni-pend-i.	彼らは私のことを好きでない.
Mfuata nyuki ha-kos-i asali.	蜜蜂を追う者は蜜を取り損なわない（諺）

単音節動詞の場合，現在や過去などを表す直接法の肯定文では，時制接辞と動詞語根の間に ku- が入る．また，単音節動詞ではないが，enda〈行く〉と isha〈終わる，尽きる〉でも ku- が入ることがある（単音節動詞の一覧は 3.1 節 (5), 参照).

しかし，否定形ではこの ku- は入らない．また，目的語接辞があるときも ku- は入らない．例をみてみよう．

〈3〉 単音節動詞の例（「現在」の肯定・否定）
Tuna-ku-la samaki wabichi.	私たちは生魚を食べます.
Hawa-li samaki wabichi.	彼らは生魚を食べません.
Samaki wa kukaanga, tuna-wa-la sana.	揚げ魚は私たちはよく食べる.
Watoto wana-kw-enda shule kila siku.	子供たちは毎日学校に行く.
Leo hawa-endi shule.	今日は彼らは学校に行かない.

ちなみに，時制接辞が ki-「仮定 / 付帯状況」, hu-「習慣」, ka-「継起」のときや，動詞が接続形のときも，この ku- は入らない．

6.2 「過去」を表す文（時制接辞 li-）

「過去」を表す文は，肯定形は時制接辞が li-，否定形は ku- であり，動詞の語尾はどちらも基本語尾のままである．動詞の動作や状態が「過去」に起こったことを表すが，少し前のことであっても，その動作や状態が現在の状況と無関係であれば，「過去」の時制接辞を用いる．たとえば Mbwa wetu a-li-potea.〈私たちの犬がいなくなった〉と言った場合，現在その犬がどうなっているかについては関与しないので，まだ見つかっていないかもしれないし，もう見つかっているかもしれない．今もいなくなったままの状態であることを言う場合は，次にみる「完了」の時制接辞を使い，Mbwa wetu a-me-potea.〈私たちの犬がいなくなった〉という．

(1)「過去」の肯定形

　　主語接辞 -li-（目的語接辞）- 動詞語幹 -a

〈4〉

Tulisoma Kiswahili jana.

Ulikwenda maktabani asubuhi?

Mlikunywa chai kila siku?

Wanafunzi walimwona mwalimu.

Yoko alisafiri Tanzania peke yake.

(2)「過去」の否定形

　　否定主語接辞 -ku-（目的語接辞）- 動詞語幹 -a

〈5〉

Hamkusoma Kiingereza jana.

Sikuenda maktabani.

Hatukunywa chai.

Hawakumwona mwalimu.

Hakusafiri Tanzania pamoja na rafiki zake.

練習問題

1. 次の語句を参考に，下の文をスワヒリ語で書きなさい．

nani	誰	nini	何	gani	どんな
wapi	どこ	lini	いつ	kwa nini	なぜ

   1. 誰がスワヒリ語を上手に話しますか．
   2. よう子は誰が好きですか．
   3. あなた達は何を食べたいですか．
   4. あなたは昨日何をしましたか．
   5. 学生たちは寮でどんな食べ物を料理していますか．
   6. あなたは大学でどんな言語を勉強しましたか．
   7. あなたのお母さんはどこに住んでいますか．
   8. あなたのお父さんは昨日どこへ行きましたか．
   9. あなたのお兄さんはいつ大学に来ましたか．
   10. あなたはいつ生まれましたか．
   11. なぜあなたはスワヒリ語を勉強しているのですか．
   12. なぜあなた達は生魚を食べないのですか．

2. 次のスワヒリ語を否定文にしなさい．
   1. Nasoma Kiswahili kila siku.
   2. Nilijifunza Kiingereza jana.
   3. Anakaa Osaka.
   4. Twaongea Kijapani.
   5. Mlikwenda Kenya pamoja.
   6. Wanajua Kijerumani.
   7. Anakuja shule kila siku.
   8. Nilitaka kwenda Tanzania.
   9. Ninampenda Neema.
   10. Tunaweza kula samaki wabichi.
   11. Wanafunzi wanafanya kazi baada ya shule.
   12. Walikula ugali na mchuzi jana usiku.

コラム6 サンブサ sambusa の作り方

　スワヒリ地方には，アラビア半島，ペルシア地方，インド亜大陸からさまざまな文化が入ってきており，食文化にもそういった地域の影響が色濃く現れている．

　インド亜大陸からは，チャパティ chapati, mkate wa kusukuma, ビリアニ biriani，カトレシ katlesi，カチュンバリ kachumbari などの料理が伝えられ，今や「スワヒリ料理」として捉えられている．その中でも有名なのは，チャイ chai とサンブサ sambusa だろう．チャイは，スワヒリ地方はおろか東アフリカでは朝食に欠かせない飲み物となっている．朝の挨拶で，「もうチャイを飲んだ？」を意味する "Umeshakunywa chai?" が使われるほどなのだ．サンブサは「サモサ」のことであり，肉と野菜を炒めて味付けしたタネを，小麦粉を使って作った皮で三角形になるように包み，油で揚げたものである．いわゆる「ファストフード」的なものなので，屋台などで売られている．ここでは，サンブサのレシピを紹介する．皮を作るのは大変なので，春巻の皮で代用する「簡略バージョン」である．そんなに難しくないので，是非作ってみて欲しい．（竹村　景子）

〈材料　15個分〉
鶏ミンチ nyama ya kuku ya kusaga：120〜150 g，玉ねぎ kitunguu：中1個，じゃがいも mbatata：中2個，ピーマン pilipili boga：1個，冷凍グリンピース njegere：適宜，塩 chumvi・こしょう pilipili manga・クミン bizari nzima（粒）・カレー粉 bizari：適宜，春巻の皮：10枚，サラダ油，ライム ndimu（なければレモン limau でも）

〈作り方〉
1. 玉ねぎとピーマンはみじん切りにする．じゃがいもは5〜7mm程度のさいの目に切って，好みの硬さに茹でる．
2. フライパンに適量の油を敷き，鶏ミンチ，玉ねぎ，ピーマンの順に炒める．全部に火が通ったら，茹でておいたじゃがいもと冷凍グリンピースを加え，塩，こしょう，クミン，カレー粉でしっかり味付けする．炒め終わったらよく冷ましておく．
3. 春巻の皮を縦に3等分に切り，細長い帯状になった皮2枚を，5mm程度ののりしろで貼り合わせる．
4. 3で貼り合わせた皮の端に，冷ましておいた2のタネを適量載せて，（買い物袋を折りたたむ要領で）正三角形になるように包んでいく．巻き終わりは水で濡らしてきちんと止める．
5. 180度くらいの油でキツネ色になるまで揚げる．
6. くし型に切ったライムを添えて，できあがり！

6 ラマダン日没後のごちそう．手前にチャパティ，右手にサンブサがみえる．

Mazungumzo juu ya chakula 1

7 食べ物談義2
Mazungumzo juu ya chakula 2

Yoko: Je, umekula chakula cha mchana?

Neema: Sijala bado. Mama anapika sasa. Anapika ugali na mchuzi wa mbuzi na samaki wa kukaanga. Umewahi kula ugali?

Yoko: Hapana, sijawahi kula ugali.

Neema: Utakula ugali mara ya kwanza sasa.

Yoko: Asante, nimefurahi.

Neema: Unapenda nyama ya mbuzi?

Yoko: Nyama ya mbuzi? Labda sijawahi kula nyama ya mbuzi.

Neema: Kweli? Mbuzi hawako kwenu?

Yoko: Wako. Lakini hatuli sana mbuzi. Tunakula nyama ya ng'ombe, nguruwe, kuku na samaki.

Neema: Sisi pia tunakula nyama ya ng'ombe na kuku, lakini hatuli nyama ya nguruwe. Kula nguruwe ni haramu kwa Waislamu.

Yoko: Nimesikia hivyo. Mnakula nyama halali tu, sivyo?

Neema: Ndiyo. Ulijifunza vizuri.

Yoko: Unapenda chakula gani?

Neema: Napenda wali kuliko ugali. Tunakula pilau au biriani wakati wa sherehe. Vinapendeza sana!

7.1 「未来」を表す文（時制接辞 ta-）

「未来」を表す文は，肯定形も否定形も時制接辞は ta- であり，動詞の語尾はどちらも基本語尾のままである．「未来」を表す文では，これから先に起こることだけでなく，「～するつもりだ」というような意志を表すこともある．単音節動詞の場合，語根の前に ku- がつくが，「現在」や「過去」の否定形の場合と異なり，「未来」の場合は否定形でも ku- がつく．

(1)「未来」の肯定形

主語接辞 -ta-（目的語接辞）- 動詞語幹 -a

〈1〉
Nitakula ugali mara ya kwanza.
Tutasoma Kiswahili kesho.
Baba yangu atakunywa bia baadaye.
Mtasafiri Tanzania mwaka ujao?
Watoto watakwenda shule mchana.

(2)「未来」の否定形

否定主語接辞 -ta-（目的語接辞）- 動詞語幹 -a

〈2〉
Sitakula ugali leo.
Hatutasoma Kiingereza kesho.
Baba yako hatakunywa bia baadaye?
Hatutasafiri Kenya mwaka ujao.
Hawatakwenda shule jioni.

7.2 「完了」を表す文（時制接辞 me-/mesha-）

「完了」を表す時制接辞には me- と mesha- の2つがあるが，mesha- は me- と動詞 isha（終わる）が結合してできたものである．以下に示すように，不定形を用いた構文から短縮を経てこのような形となった．

Nimekwisha kusoma gazeti.	私は新聞を読み終えた．
Nimekwisha soma gazeti.	
Nimeisha soma gazeti.	
Nimesha soma gazeti.	
Nimeshasoma gazeti.	

最後のような形式になった段階で，mesha- を1つの時制接辞と解釈することが妥当である．

mesha- は，動詞 isha を起源にもつことからもわかるように，動詞の表す動作が完了したことを強調する意味合いが強い．一方，me- の方は，動詞の表す動作が完了し，その結果の状態が今も続いていることに重点がおかれている．それゆえに，それぞれの時制接辞の名称を「完了（状態の存続）」(me-)，「完了（終了の強調）」(mesha-) と呼ぶ．

(2)「完了」の肯定形

主語接辞 -me/mesha-（目的語接辞）- 動詞語幹 -a

me- と mesha- を対比させた例をみてみよう（単音節動詞には ku- がはいる）．

⟨3⟩

Nimesoma gazeti.	私は新聞を読んだ（だからニュースを知っている）．
Nimeshasoma gazeti.	私はもう（とっくに）新聞を読み終えた．
Nimekula chakula cha mchana.	私は昼ご飯を食べた（だから今は満腹）．
Nimeshakula chakula cha mchana.	私はもう（とっくに）昼ご飯を食べ終えた．

me- は動作が完了したということより，その完了した動作の結果が今もみられるという，現在の状態を表すことに重点がおかれる．

〈4〉
Nimefurahi kukuona.	あなたにお会いできてうれしいです．
Nimefahamu maelezo yako.	あなたの説明はわかりました．
Mtoto ameanguka chini.	子供がころんだ．
Nimechoka sana.	私はとても疲れた．
Baba amekufa / amefariki.	お父さんが死んだ／亡くなった．
Mbwa wetu amepotea.	私たちの犬がいなくなった．

否定形は否定の時制接辞 ja- を用い，「まだ～していない」という未完了の意味を表す（単音節動詞の場合，ku- はおちる）．副詞 bado「まだ」を伴うことが多い．

(3)「完了」の否定形（未完了）

否定主語接辞 -ja-(目的語接辞)- 動詞語幹 -a

〈5〉
Sijasoma gazeti bado.	私はまだ新聞を読んでいない．
Sijala chakula cha mchana bado.	私はまだ昼ご飯を食べていない．
Hatujamwona mwalimu.	私たちはまだ先生に会っていない．
Yoko hajafika nyumbani kwa Neema.	よう子はネエマの家に着いていない．

wahi「間に合う」という動詞と不定形を用いて，「～したことがある」という「経験」の意味を表すことができる．否定形では「～したことがない」という意味になる．便利な表現なので覚えておこう．

〈6〉 「経験」を表す例

Nimewahi kusafiri Tanzania.	私はタンザニアを旅行したことがある.
Umewahi kuvuta sigara?	あなたはタバコを吸ったことがありますか.
Yoko hajawahi kula ugali.	よう子はウガリを食べたことがない.
Mmewahi kupanda Mlima Kilimanjaro?	あなたたちはキリマンジャロ山に登ったことがありますか.
Watoto hawajawahi kuona wanyama pori.	子供たちは野生動物を見たことがない.

7 結婚式の祝宴でピラウを囲む

練習問題

1. 次の語句を参考に，下の文をスワヒリ語で書きなさい．

kesho	明日	kesho asubuhi	明日の朝
kesho kutwa	あさって	wiki ijayo	来週
mwezi ujao	来月	mwaka ujao	来年

   1. ジュマは明日，学校に来ます．
   2. 私は明日の朝，パン (mkate) を食べます．
   3. よう子はあさってネエマに会います．
   4. 私たちは来週，アフリカの料理のことを学びます．
   5. 学生たちは来月，ウガリの作り方を学びます．
   6. 学生たちは来年，タンザニアに行きます．

2. 1. で書いたスワヒリ語の文を否定文にしなさい．

3. 次の質問をスワヒリ語で書き，自分自身のことについて，スワヒリ語で答えなさい．
   (Ndiyo「はい」/ Hapana「いいえ」と答えたあとにも，文を続けてください)
   1. あなたは今日，学校のあとに (baada ya shule) 何をしますか．
   2. あなたは明日，学校に来ますか．
   3. あなたは来週，スワヒリ語を勉強しますか．
   4. あなたは今度の土曜日 (Jumamosi ijayo) 何をしますか．
   5. あなたは今度の夏休みに (likizo kuu ijayo) どこに行きますか．
   6. あなたは来年，何をしたいですか．
   7. あなたはもう昼ご飯を食べましたか．
   8. あなたは先生の説明がわかりましたか．
   9. あなたは外国 (nchi za nje) に行ったことがありますか．
   10. あなたはヤギの肉を食べたことがありますか．
   11. あなたは富士山に登ったことがありますか．
   12. あなたは飛行機に乗ったこと (kupanda ndege) がありますか．

8 ウガリを作る 1
Mapishi ya ugali 1

Mama Neema yuko jikoni anapika ugali.

Mama Neema:	Hebu, Yoko. Umeshamaliza kunywa chai?
Yoko:	Naam.
Mama Neema:	Haya, njoo hapa uangalie namna ya kupika ugali.
Yoko:	Sawa. Ninakuja, mama.
Mama Neema:	Ujifunze mapishi ya kwetu sasa.
Yoko:	Vema. Nitajifunza na nitawafundisha rafiki zangu shuleni.
Mama Neema:	Kwa kawaida tunapika ugali wa mahindi. Watu wengine wa bara wanapika ugali wa muhogo au mtama. Huku wengi wanapenda ugali wa mahindi.
Yoko:	Unatumia sufuria na mwiko kupika ugali?
Mama Neema:	Ndiyo. Nimeshaweka sufuria juu ya jiko. Usitie unga bado. Utatia unga baada ya maji kuchemka.
Yoko:	Naona maji yamechemka.
Mama Neema:	Haya, nipe mwiko. Nitatia unga sasa. Kwanza utakoroga kwa mwiko kidogo kidogo. Baadaye utasonga. Unahitaji nguvu kusonga ugali.

8.1 命令形

　動詞の命令形は，動詞語幹に基本語尾 -a をつけた形を用いる．つまり，動詞の基本形をそのまま用いて，「～しなさい」，「～しろ」という命令文を作ることができる．複数の人に対する命令の時は，語尾 -a が複数語尾の -eni になる（外来語の動詞では語尾変化なしで -ni がつく）．

〈1〉　命令形の例

Simama.	立ちなさい．	（一人に命令する時）
Simameni.	〃	（複数の人に命令する時）
Kimbia.	走りなさい／逃げなさい．	（一人に命令する時）
Kimbieni.	〃	（複数の人に命令する時）
Funga mlango.	ドアを閉めなさい．	（一人に命令する時）
Fungeni mlango.	〃	（複数の人に命令する時）
Rudi.	戻りなさい．	（一人に命令する時）
Rudini.	〃	（複数の人に命令する時）

　単音節動詞の場合は動詞語幹の前に ku- がつく．例外として，ja〈来る〉, enda〈行く〉, leta〈持ってくる〉は，特別な形になる．下の例では，一人に命令する時／複数の人に命令する時と，並べてあげる．

〈2〉　特別な命令形の例

Kula / Kuleni samaki.	魚を食べなさい．
Kunywa / Kunyweni dawa.	薬を飲みなさい．
Nenda / Nendeni.	行きなさい．
Njoo / Njooni.	来なさい．
Lete / Leteni.	持って来なさい．

　命令形は目的語接辞をとることがある．その場合，動詞の語尾は -a から -e になる．複数の人に対する命令形では -eni のままである．

〈3〉 目的語接辞のある命令形

M-pige.	彼を殴れ.	（一人に命令する時）
M-pigeni.	〃	（複数の人に命令する時）
Ni-ambie.	私に言って.	（一人に命令する時）
Ni-ambieni.	〃	（複数の人に命令する時）
Ni-pe pesa.	私にお金をちょうだい.	
Adui m-pende.	敵を愛しなさい．（諺）	
Mwenye nguvu m-pishe.	強者は通せ．（諺）	

　目的語接辞をとるときの語尾 -e は，次にみる接続形の語尾と関係があると思われるが，ここでは命令形の語尾と解釈しておく．

　また，命令形は「継起」の時制接辞 ka- をとることもある．「（別の場所に）行って，～しなさい」というようなニュアンスを表す命令文で，これも次にみる接続形と関係があると思われるが，接続形は主語接辞が必要であり，命令形では不要だという違いがある（例〈12〉を参照）．

〈4〉

Ka-lale. / Ka-laleni.	（行って）寝なさい．
Ka-oge. / Ka-ogeni.	（行って）水浴びしなさい．
Ka-nunue samaki. / Ka-nunueni samaki.	（行って）魚を買いなさい．

　命令形を「～しろ」という日本語で訳すと，大変きつい言い方に聞こえるが，スワヒリ語の命令形は日本語の「～しろ」という語感ほどきつく聞こえるわけではない．語調によって解釈も変わり得る．警察官などが語気を強くして "Njoo!" というときは〈来い〉という訳が当てはまるが，母親が子供にやさしく "Njoo." と言うなら，〈おいで / 来なさい〉という訳が当てはまるだろう．

　「～するな」，「～しないでください」という否定の命令も同様である．ただし，命令形に否定の形態はなく，否定命令は次にみる接続形の否定形を用いて表す．

8.2　接続形 (1)

　これまで見てきた「現在」や「過去」,「未来」などを表す文は, いわゆる「直説法」と呼ばれるもので, ある事象や出来事, 状態などを断定的に言うものである. 一方, そのように現実にある出来事を描写するのではなく, 命令や要請, 義務や意向などを表したり, 従属節などで用いたりする表現が「接続法」と呼ばれるものである. 接続法に用いられる動詞は「接続形」という形になる. 接続形にも肯定形と否定形がある. ここでは, 動詞の接続形について, その形と用法をみていくことにしよう.

　接続形は基本的に時制接辞がなく, 主語接辞と動詞語幹からなり, 動詞語尾が「接続形語尾」の -e になる. 単音節動詞の場合でも ku- はとらない. 目的語接辞は任意である.

(1) 接続形（肯定）

|主語接辞| -(目的語接辞)- |動詞語幹| -e

〈5〉
U-som-e Kiswahili.	スワヒリ語を勉強して.
U-j-e kesho.	明日来て.
U-ni-ambi-e.	私に言って.

否定形では, 否定を表す接辞 si- を主語接辞の後ろにいれる.

(2) 接続形（否定）

|主語接辞| -si-(目的語接辞)- |動詞語幹| -e

〈6〉
U-si-som-e gazeti.	新聞を読まないで.
U-si-l-e samaki wabichi.	生魚を食べないで.
U-si-m-pig-e mtoto.	子供を叩かないで.

基本語尾 -a をとらない外来語の動詞の場合は，語尾は -e にならず，そのままである．

〈7〉
U-rudi.	戻って．
U-si-sahau.	忘れないで．

接続形は，さまざまな用法に用いられる．この課では，接続形が単独で用いられる場合の代表的な用法である丁寧な命令を表す用法についてみていこう．

(3) 接続形の用法① 丁寧な命令・否定命令を表す

8.1 節でみたように，動詞をそのまま用いる命令形は「～しろ」，「～しなさい」という強い命令を表すが，接続形では，「～して（ください）」という丁寧な命令を表す．丁寧な命令を表す場合，接続形がとる主語接辞は 2 人称である．1 人の人に言う場合は U-，複数の人に言う場合は M- である．また，否定形は否定命令を表す．

〈8〉 丁寧な命令を表す例（〈5〉の例も参照）
U-simam-e.	立ってください．
M-som-e Kiswahili.	スワヒリ語を勉強してください．
U-fung-e mlango.	ドアを閉めてください．
U-l-e samaki.	魚を食べてください．
M-j-e kesho.	明日きてください．
U-end-e shule.	学校に行ってください．

〈9〉 否定命令を表す例（〈6〉の例も参照）
U-si-simam-e.	立たないでください．
M-si-som-e Kiingereza.	英語を勉強しないでください．
U-si-fung-e mlango.	ドアを閉めないでください．
U-si-l-e samaki wabichi.	生魚を食べないでください．
M-si-j-e kesho.	明日来ないでください．
U-si-ni-ambi-e uongo.	私にうそを言わないで．

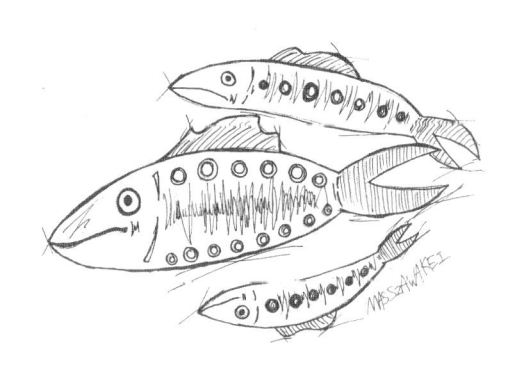

また，「〜して，〜しなさい」というように，複数のことを命令する場合，初めの動詞は命令形で，次が接続形になる．

〈10〉

Njoo hapa u-angali-e ugali.	ここへ来て，ウガリを見なさい．
Lete kitabu u-ki-som-e.	本を持ってきて，それを読みなさい．
Kawia u-fik-e.	遅れて着け．（諺）
Fuata nyuki u-l-e asali.	蜜蜂を追って蜜を食べなさい．（諺）

「行って，〜しなさい」というような命令を表す場合，うしろの接続形に「継起」の時制接辞 ka- が入ることがある．これは動作の連続性を表すためである．

〈11〉

Nenda u-ka-lal-e.	行って，寝なさい．
Nenda u-ka-og-e.	行って，水浴びしなさい．
Nenda sokoni u-ka-nunu-e samaki.	市場へ行って，魚を買いなさい．

命令形の部分が省略されて，後半部分だけがくることもある．

〈12〉

U-ka-lal-e.	（行って）寝なさい．
U-ka-og-e.	（行って）水浴びしなさい．
U-ka-nunu-e samaki.	（行って）魚を買いなさい．

練　習　問　題

1. 下にあげた動詞句を用いて，命令形と，接続形を用いた丁寧な命令，そして否定命令を表す文を，それぞれ単数と複数の人に対する言い方を書きなさい．
    1. andika barua　　　（手紙を書く）
    2. enda shule　　　　（学校へ行く）
    3. fanya kazi　　　　（仕事をする）
    4. ja hapa　　　　　（こっちへ来る）
    5. tia unga　　　　　（粉を入れる）
    6. leta kahawa　　　 （コーヒーをもってくる）
    7. la nyama ya mbuzi　（ヤギ肉を食べる）
    8. fanya wasiwasi　　（心配する）

2. 次の文をスワヒリ語で書きなさい．
    1. あなたたち一生懸命（kwa bidii）スワヒリ語を勉強しなさい．
    2. 泣かないで，わが子（mwanangu）よ．
    3. たばこを吸うな．
    4. 私に粉をちょうだい．
    5. 私にウガリの作り方を教えて．
    6. あなたたち行って水浴びしなさい．
    7. あなたたち嘘を言って（sema uongo) はいけませんよ．
    8. まだしゃもじでかき回さないで．
    9. 平安に寝なさい．（＝おやすみなさい）

コラム 7

ウガリをこねる

　東アフリカの主食はなんと言ってもウガリだ．Ugali はスワヒリ語だが，各地に各言語での名称があって，南部アフリカ一帯まで広く食されている．タンザニアではトウモロコシ mahindi の粉で作るのが一般的だが，内陸の方では，キャッサバ muhogo や，モロコシ mtama などの雑穀で作ったりもする．私がよく滞在していたムワンザの方では，キャッサバのウガリが一般的で，真っ白なトウモロコシのウガリより灰色っぽく，粘りが強い．キャッサバの場合は，収穫した芋の皮をむいて 2, 3 日寝かせて発酵させ，少し硬くなったところを砕いて粉にする．いずれの材料で作る場合も，熱湯に粉を入れてかき混ぜて練り上げるのだが，キャッサバの場合は粘りが強いので，とても力のいる仕事だ．

　ウガリを作るのに使うのは，取っ手のないアルミ鍋 sufuria である．ウガリをこねる時に押さえておく必要があるのだが，かまど石 mafiga を使うと，これがとてもうまくおさまる．3 つの石を三角形におき，その間に鍋を固定するのだ．これは村では普通に見られる光景だが，町に行くと七輪 jiko la makaa を使ったり，コンロ jiko la mafuta を使ったりしていて，そういう時はウガリをこねるのにちょっと苦労する．二股になった枝を拾ってきて，それで鍋を固定したり，薄い板状の金属片を拾ってきてそれを鍋に巻いたり….「拾ってきて」というところがミソなのだが，その場その場でありあわせの物でしのいでいくというのも，アフリカの「力強い」文化の一つだ．（小森 淳子）

8 かまど石でウガリ作り

9 七輪でウガリ作り

9　ウガリを作る2

Mapishi ya ugali 2

Yoko:	Naomba nijaribu kidogo.
Mama Neema:	Kama ukitaka kusonga ugali, utumie nguvu.
Yoko:	Aa, ni kazi ngumu kweli. Sitaweza kuivisha vizuri.
Mama Neema:	Nikusaidie. Nilianza kujifunza kusonga ugali nikiwa na umri wa miaka minne au mitano.
Yoko:	Kwetu pia wasichana wanaanza kumsaidia mama kupika wakiwa bado wadogo kama umri wa miaka mitano hivi.
Mama Neema:	Niliwafundisha Aisha na Neema pia. Aisha alipenda, lakini Neema hakupenda kujifunza kupika.
Yoko:	Naona Neema hapendi ugali sana.
Mama Neema:	Ni kweli. Anapenda wali na chapati zaidi. Haya, fanya hivi mpaka ugali uwe mzuri bila mabonge. Vizuri. Ugali umeiva sasa. Nitapakua ugali. Upakue mchuzi. Basi twende mezani tule pamoja.

9.1 接続形（2）

　動詞の接続形の形態については 8 課でみたとおりである．接続形を単独で用いる場合の用法として，主語接辞が 2 人称の場合は丁寧な命令を表すことをみたが，それは話者が，主語である「あなた」や「あなたたち」に動詞の動作を行って欲しいと依頼する表現だといえる．
　主語接辞が 1 人称や 3 人称の場合は，自分の意向や意思を表したり，誘ったり，許可や義務を表す表現になる．1 人称単数の場合は「私が～しましょうか」，「私に～させてください」という意味になり，1 人称複数の場合は「～しましょう」という，英語の Let's～ にあたる表現になる．3 人称の場合は「～が～するように」，「～に～させなさい」という意味になる．それぞれに対応する否定形もある．

(1) 接続形の用法②　意思や意向，勧誘，許可，義務などを表す

〈1〉　主語接辞が 1 人称単数〈私〉の場合

Ni-jaribu.	私にやらせて．
Ni-ku-saidie.	手伝ってあげましょう．
Ni-ende sokoni?	私が市場に行きましょうか．
Ni-si-funge mlango?	ドアを閉めないでおきましょうか．

〈2〉　主語接辞が 1 人称複数〈私たち〉の場合

Tu-le pamoja.	一緒に食べましょう．
Tw-ende.	行きましょう．
Tu-jifunze Kiswahili.	スワヒリ語を勉強しましょう．
Tu-si-ende shule leo.	今日は学校に行かないでおきましょう．

〈3〉　主語接辞が 3 人称単数〈彼 / 彼女〉の場合

Juma a-je?	ジュマに来させましょうか．
A-ende darasani sasa.	彼は今すぐ授業に行くように．
Aisha a-pike mchuzi.	アイシャがシチューを作るようにね．
A-si-pike chapati.	彼女にチャパティを作らせないように．

〈4〉 主語接辞が3人称複数〈彼ら〉の場合
Watoto wa-ende shule.　　　　　子供は学校に行くように.
Watalii wa-angalie wanyama?　　観光客が動物を見るようにしますか.
Wa-si-ende mbuga.　　　　　　彼らがサバンナへ行かないように.
Wa-ondoke sasa hivi?　　　　　彼らに今すぐ出発させますか.

以上みた用法は，接続形を単独で用いる場合である．つまり主節の動詞として接続形が用いられている例である．一方，接続形の動詞が従属節に用いられる場合がある．この場合，いわゆる副詞節や名詞節の動詞として接続形が現れる．副詞節は主節の目的（〜するために）や終了時点（〜まで）を表したり，主節に引き続き起こる事態（そして，〜した）などを表す．名詞節は主節の動詞が taka〈望む〉や ambia〈言う〉などの場合に，その動作の内容を表す．

(2) 接続形の用法③ 従属節（副詞節・名詞節）の動詞として用いられる

〈5〉 目的を表す副詞節の例（接続詞 ili とともに用いられることが多い）
Ninasoma Kiswahili ili ni-ende Tanzania.
(= Ninasoma Kiswahili ili kwenda Tanzania.)
　　　私はタンザニアに行くためにスワヒリ語を勉強している.
Mwalimu anawafundisha Kiswahili ili wa-ende Tanzania.
　　　先生は彼らがタンザニアに行くために彼らにスワヒリ語を教えている.
Baba alimpa Yoko pesa a-safiri Tanzania.
　　　よう子がタンザニアを旅行するために父親が彼女にお金をあげた.
Nilimsaidia Aisha ili a-si-choke.
　　　私はアイシャが疲れないように彼女を手伝った.

1文目の例のように，主節の主語と副詞節の主語が同一である場合，副詞節は不定形を使って言い換えることが可能である（4.3節，不定形の副詞的用法を参照）．しかし，2つの主語が異なる場合，目的を表すのは接続形を用いた形のみ可能である．

〈6〉 終了時点を表す副詞節の例（接続詞 mpaka とともに用いられる）
Fanya hivi mpaka ugali u-we mzuri bila mabonge.
　　　ウガリがだまのない良い状態になるまでこうしなさい.

Aisha alisonga ugali mpaka a-choke.
　　　　アイシャは疲れるまでウガリをこねた．
Mwalimu aliwafundisha mpaka wa-fahamu.
　　　　先生は彼らが理解するまで教えた．

〈7〉　引き続き起こる事態を表す副詞節の例
Yoko alimwomba baba pesa, a-pate pesa za kutosha.
　　　　よう子はお父さんにお金を頼み，十分なお金を得た．
Tulimtafuta mtoto, tu-si-mwone.
　　　　私たちは子供を探したが，見つからなかった．
Mwalimu aliwaeleza, wa-si-fahamu.
　　　　先生は彼らに説明したが，彼らはわからなかった．

〈8〉　主節の内容を表す名詞節の例
Mwalimu anatuambia tu-some Kiswahili kwa bidii.
　　　　先生は私たちに一生懸命スワヒリ語を勉強するように言う．
Baba aliniambia ni-si-ende peke yangu.
　　　　お父さんは私に一人で行かないようにと言った．
Kondakta alitaka tu-sogee nyuma.
　　　　車掌は私たちに後ろに寄って欲しかった．
Askari aliwaonya wanafunzi wa-si-egeshe pikipiki hapa.
　　　　警官は学生たちにここにバイクを止めるなと警告した．

9.2 「仮定／付帯状況」を表す文（時制接辞 ki-）

「仮定／付帯状況」を表す文は，時制接辞に ki- を用いる．単音節動詞の場合でも ku- は入らない．「もし〜なら」という仮定を表す文も，「〜しながら・〜でありつつ」という付帯状況を表す文も，どちらも主節を修飾するための従属節として用いられる文である．つまり，時制接辞 ki- を用いる文は，前後に主節となる文を伴う場合にのみ現れるのである．「仮定」を表す場合，kama〈もし〉や hata〈たとえ〉などの接続詞を伴うこともある．ちなみに，「仮定」を表す文を伴う主節の方は，普通「現在」や「未来」の時制，あるいは命令形や接続形で表される（「もし〜しなければ」という否定の仮定を表す場合は si-po- という接辞を用いるが，ここでは扱わない．詳細については 22 課参照）．

〈9〉「仮定」を表す例

Kama u-ki-taka kusonga ugali, utumie nguvu.
　　ウガリをこねたいのなら，力を入れなさいよ．

Mwalimu a-ki-ja, umwambie yote.
　　先生が来たら，全部言いなさいよ．

Hata ni-ki-mwambia mwalimu, hataniamini.
　　たとえ先生に言ったとしても，先生は私を信じてくれないだろう．

U-ki-wa na nafasi, uniandikie barua.
　　時間があったら，私に手紙を書いてください．

Maji ya-ki-mwagika, hayazoleki.
　　水がこぼれたら，掻き集められない．（諺）

Mtoto a-ki-lilia kisu, mpe.
　　子供がナイフを欲しがって泣いたら，与えなさい．（諺）

「付帯状況」は複数の動作を同時に行っていることを表すのみならず，主節の事象が起こった時の状況や，主節の目的語の状態を表したり，また，「〜したり，〜したり」というように，交互に行われている動作を表したりする．同時進行の動作を表す時には，huku〈〜しながら〉という接続詞を用いることもある．

〈10〉 「付帯状況」を表す例

Nilianza kujifunza kusonga ugali ni-ki-wa na umri wa miaka minne.
　　　私は4歳の時にウガリをこねるのを習い始めた．

Mama Neema yuko jikoni a-ki-pika mchuzi.
　　　ネエマのお母さんが台所にいてシチューを作っている．

Nilimwona Neema a-ki-msaidia mama yake.
　　　私はネエマがお母さんを手伝っているのを見た．

Neema analia a-ki-cheka. Yoko anakwenda a-ki-rudi.
　　　ネエマは泣いたり笑ったりしている．よう子は行ったり来たりしている．

Aisha anapika chapati huku a-ki-imba.
　　　アイシャは歌いながらチャパティを作っている．

10 チャパティを焼く

練習問題

1. 次の日本語を接続形を用いて，スワヒリ語で書きなさい．
    1. 私は明日，何時に（saa ngapi）来ましょうか．
    2. 明日は早く（mapema）出発しましょう．
    3. 私がシチューを作りましょうか．
    4. 一緒に作りましょう．
    5. ジュマには市場に行かせないように．
    6. 子どもたちだけでサバンナに行かないようにね．
    7. ネエマのお母さんは私に力を入れるように言った．
    8. 学生たちは答えを得る（pata jibu）まで考えた（fikiri）．
    9. おばあさん（bibi）は疲れるまでたくさんの昔話をした（toa hadithi nyingi）．
    10. 警官が学生たちに警告したが，彼らは従わ（tii）なかった．

2. 次のスワヒリ語を日本語に訳しなさい．
    1. Ninafanya kazi ya kibarua kila siku nipate pesa za kusafiri Afrika.
    2. Baba yangu ananiambia nisifanye kazi ya kibarua kila siku.
    3. Anataka nisome Kiswahili na Kiingereza kwa bidii chuoni.
    4. Kama nikipata kazi nzuri zaidi, sitafanya kazi kila siku.
    5. Mkiondoka hapa, mtakwenda wapi?
    6. Rafiki yangu anasoma Kiswahili huku akisikiliza muziki.
    7. Alianza kusoma Kiswahili akiwa na umri miaka kumi na nane.
    8. Anataka tusafiri Tanzania pamoja mwaka ujao.
    9. Nilimwambia rafiki yangu kama tukipata pesa za kutosha, twende likizo kuu ijayo.
    10. Tukiwa na nafasi, tutakwenda Serengeti ili tuangalie wanyama pori.

10 食卓で 1
Kwenye meza ya mlo 1

Mama Neema:	Haya, chakula tayari. Karibuni mezani. Yoko, nikupe kijiko au uma?
Yoko:	Hamtumii kijiko au uma?
Mama Neema:	Hapana, hatutumii cho chote. Sisi hutumia mkono wa kulia tu.
Yoko:	Hamtumii mkono wa kushoto?
Mama Neema:	Hata! Kutumia mkono wa kushoto ni mwiko mkubwa wakati wa kula chakula.
Yoko:	Nimefahamu. Sasa nitajaribu kula ugali kwa kutumia mkono wa kulia tu.
Mama Neema:	Sawa.
Yoko:	Mmm… mtamu sana. Mchuzi huu ni mzuri. Nyama ya mbuzi ina ladha nzuri.
Mama Neema:	Naona chumvi haitoshi. Neema, chumvi iko wapi? Lete kidogo.
Yoko:	Usitie chumvi nyingi. Naona inatosha.
Mama Neema:	Kula samaki huyu pia. Nikupe kisu. Kisu kiko wapi? Mbona hakipo mezani? Tuna visu vitatu nyumbani. Kisu kikubwa kingine kimepotea. Kisu hicho kilikuwa kizuri.

10.1 名詞クラス (1)：名詞と形容詞

　スワヒリ語の文法の大きな特徴の1つは，名詞が「名詞クラス」と呼ばれるグループに分類されることである．これはスワヒリ語が属しているバントゥ諸語の一大特徴でもある．名詞クラスがいくつあるかは言語によって異なるが，スワヒリ語では15のクラスが認められる．

　名詞は基本的に，名詞接頭辞と名詞語幹からなっている．名詞クラスは，名詞接頭辞が基準になって分類されている．つまり，同じ名詞接頭辞をもつ名詞が同じクラスに属するということである．たとえば，mtoto〈子ども〉という名詞は，名詞接頭辞が m- で，語幹が toto であり，接頭辞 m- をもつ名詞はすべてこのクラスに属することになる．このクラスは「1クラス」と呼ばれる．mtoto〈子ども〉の複数形の watoto〈子どもたち〉は，接頭辞が wa- であり，これは「2クラス」となる．1クラスは「人」を表す名詞が属しており，2クラスは1クラスに対応する複数形のクラスである．

　mlima〈山〉という名詞は，1クラスと同じように名詞接頭辞が m- であるが，「人」を表す名詞ではなく，また，これに対応する複数形は milima〈山々〉で，接頭辞は mi- である．こうしてみると，mlima〈山〉が属するクラスは，1クラスとは異なると考えられる．これを「3クラス」とし，これに対応する複数形のクラスを「4クラス」とする．

　このように，名詞クラスは名詞接頭辞の形が基準となっており，意味が基準となっているのではない．起源的には名詞の意味が基準となっていたようで，上に見たように，1・2クラスに属する名詞はすべて「人」に関する名詞，というような意味のまとまりがみられるが，他のクラスでは，これほどの均一的な意味のまとまりは保持されていない．また「人」に関する名詞でも，他のクラスに属しているものもある．

　学習者にとって，名詞クラスの存在はやっかいである．というのは，形容詞や指示代名詞など名詞を修飾する語も，名詞クラスによって形が異なるからである．クラスによってそれぞれの語がどのような形になるかを覚えておかなければならない．また，それぞれの名詞が主語や目的語となる時，動詞につく主語接辞や目的語接辞も異なってくる．スワヒリ語学習者の最初の山場は，名詞クラスに付随するさまざまな語形を覚えることにつきると言っても，過言ではないだろう．

　下の一覧表でまず，名詞クラスの番号とそれぞれのクラスの名詞接頭辞を確認しよう．複数の名詞接頭辞をもつクラスがあるが，1・3・7・8・11・15クラス

の場合は，左側は子音語幹につく形，右側は母音語幹につく形である．5・9・10クラスの場合は，クラスの基本的な接頭辞としては左側の形であるが，多くの語において，接頭辞をとらない形がみられるということである．16-18クラスの名詞接頭辞が（ ）に入っているのは，これらの接頭辞をもつ形の名詞は，普通はみられないからである．

それから，名詞を修飾する語の代表である形容詞の形も合わせて見ておこう．形容詞も名詞と同じく，形容詞接頭辞と語幹からなるが，形容詞接頭辞は修飾する名詞の接頭辞と基本的に同じ形になる．形容詞接頭辞のうち，左側は子音語幹につく場合，右側は母音語幹につく場合である．語幹によっては一覧表にあげた以外の形になることもあるが，それは以下に説明することにしよう．

名詞クラス一覧表

クラス番号	名詞接頭辞	語　例（名詞）	形容詞接頭辞	語　例（形容詞）
1	m- / mw-	mtoto, mwalimu	m- / mw-	mzuri, mwingine
2	wa-	watoto, walimu	wa-	wazuri, wengine
3	m- / mw-	mlima, mwezi	m- / mw-	mzuri, mwingine
4	mi-	milima, miezi	mi-	mizuri, mingine
5	ji- / φ-	jicho, tunda	φ- / ji-	zuri, jingine
6	ma-	macho, matunda	ma-	mazuri, mengine
7	ki- / ch-	kisu, chuo	ki- / ch-	kizuri, kingine, cheusi
8	vi- / vy-	visu, vyuo	vi- / vy-	vizuri, vingine, vyeusi
9	n- / φ-	nguo, safari	n- / ny-	nzuri, nyingine
10	n- / φ-	nguo, safari	n- / ny-	nzuri, nyingine
11	u- / w-	uzi, wino	m- / mw-	mzuri, mwingine
15	ku- / w-	kusafiri, kwimba	ku- / kw-	kuzuri, kwingine
16	(pa-)	mahali, (pahali)	pa-	pazuri, pengine
17	(ku-)	mahali, (kwahali)	ku- / kw-	kuzuri, kwingine
18	(mu-)	mahali, (mwahali)	mu- / mw-	muzuri, mwingine

形容詞語幹の始めの音が母音か子音かによって，また，どのような子音によっても形容詞接頭辞の形は変わってくる．4課でみた数形容詞以外の形容詞の主なものを下にあげておく．なお，外来語起源の形容詞は名詞接頭辞をとらず，どの名詞についても同じ形である（どの形容詞も基本的に名詞の後ろにおかれるが，kila, nusu, robo のみ名詞の前にくる）．

形容詞語幹（形容詞接頭辞をとる）

-zuri	良い	-ingi	多い
-baya	悪い	-ingine	他の
-kubwa	大きい	-eupe	白い
-dogo	小さい	-eusi	黒い
-refu	長い，高い	-ekundu	赤い
-fupi	短い	-epesi	軽い，敏捷な
-gumu	固い	-ema	善い
-zito	重い	-embamba	細い
-pya	新しい	-chache	少ない
-zima	全体の，完全な	-kuu	偉大な
-kali	鋭い，厳しい	-pole	おとなしい
-tamu	甘い，おいしい	-chungu	苦い，辛い
-pana	広い	-bovu	腐った

形容詞語幹（外来語起源で形容詞接頭辞をとらない）

safi	きれいな，清潔な	kila	すべての，毎〜
ghali	高価な	nusu	半分
laini	柔らかい	robo	四分の一
maalum	特別な	maarufu	有名な
muhimu	重要な	halisi	本物の，純粋の

(1) 1クラス（m-/mw-）

前述したように，このクラスの名詞は「人」を表す．例外は mnyama〈動物〉と mdudu〈虫〉である．名詞語幹や形容詞語幹が母音で始まる場合，いずれの接頭辞も mw- になる．

〈1〉

mw-alimu	（＜ m-alimu）	先生
mw-izi	（＜ m-izi）	泥棒
Mw-ingereza	（＜ m-ingereza）	イギリス人
mw-ongo	（＜ m-ongo）	嘘つき
m-tu mw-ingine	（＜ m-ingine）	他の人
m-toto mw-embamba	（＜ m-embamba）	痩せた子ども

ただし，u で始まる名詞語幹の場合は，名詞接頭辞は mu- になる（一例だけ m- になる）．

〈2〉

mu-uaji	殺人者	mu-uguzi	看護師
Mu-umba	創造主	mu-umini	信者
m-ume	夫		

(2) 2クラス（wa-）

これも「人」を表すクラスであり，1クラスの複数形を表す．名詞語幹や形容詞語幹が母音で始まる場合は，接頭辞 wa- の母音と語幹の母音の間で融合や脱落などがみられる（時に変化しない時もある）．それぞれのケースを個別に覚えておこう．

〈3〉

w-alimu	（＜ wa-alimu）	先生たち
w-ezi	（＜ wa-izi）	泥棒たち
Wa-ingereza	（＜ wa-ingereza）	イギリス人
wa-ongo	（＜ wa-ongo）	嘘つき

wa-tu w-engine	（＜ wa-ingine）	他の人々
wa-toto w-embamba	（＜ wa-embamba）	痩せた子どもたち
wa-uguzi	（＜ wa-uguzi）	看護師たち
wa-ume	（＜ wa-ume）	夫たち

(3) 3クラス（m-/mw-）

このクラスに属する名詞には，「木」を表す名詞が入るが，それ以外の名詞も多い．音韻的には1クラスと同じなので，名詞語幹や形容詞語幹が母音で始まる場合，いずれの接頭辞も mw- になる．

〈4〉
mw-ezi	（＜ m-ezi）	月
mw-aka	（＜ m-aka）	年
mw-embe	（＜ m-embe）	マンゴーの木
mw-ili	（＜ m-ili）	からだ
m-ti mw-ingine	（＜ m-ingine）	他の木
m-kate mw-eupe	（＜ m-eupe）	白いパン

ただし，u や o で始まる名詞語幹の場合，名詞接頭辞は普通 m- か mu- になる．

〈5〉
m-undu	鎌		mu-undo	作り，構造
m-oyo	心臓		mu-ujiza	奇跡
m-oto	火		mu-ungano	連合
m-oshi	煙			

また，名詞接頭辞が mu- である語がいくつかある．これは例外として覚えておこう．

〈6〉
mu-hogo	キャッサバ		mu-wa	サトウキビ
mu-hula	学期		mu-htasari	まとめ，概要
mu-swada	下書き，草案			

(4) 4クラス (mi-)

このクラスは 3 クラスの複数形を表す．上の例でみたように，3 クラスの名詞接頭辞には m-, mw-, mu- があるが，いずれの場合も複数形はすべて mi- になる（以下の語例の意味はすべて複数扱い）．

⟨7⟩

mi-ezi	月	mi-oyo	心臓
mi-aka	年	mi-oto	火
mi-embe	マンゴーの木	mi-ujiza	奇跡
mi-ili	からだ	mi-wa	サトウキビ
mi-undu	鎌	mi-hogo	キャッサバ

ただし，形容詞接頭辞は語幹が i で始まる場合は m-, e で始まる場合は my- になる．

⟨8⟩

mi-ti m-ingine	(< mi-ingine)	他の木
mi-lima m-ingi	(< mi-ingi)	たくさんの山
mi-kate my-eupe	(< mi-eupe)	白いパン
mi-ili my-embamba	(< mi-embamba)	細い体

(5) 5クラス (ji-/φ-)

このクラスに属する名詞には，丸いかたまりをイメージさせるものや，「果物」を表す名詞などがあるが，それ以外の名詞も多い．もともと名詞接頭辞として ji- をとるクラスであったが，現在では ji- をとる名詞は限られている．多くは，名詞接頭辞がゼロ，つまり名詞接頭辞をとらない名詞である．

⟨9⟩ ji- がつく語例（母音語幹につく場合は j- になる）

ji-we	石	j-ino	歯
ji-cho	目	j-iko	七輪
ji-na	名前	j-ambo	問題，事柄

⟨10⟩　ji- がつかない語例

tunda	果物	embe	マンゴー
chungwa	オレンジ	nanasi	パイナップル
yai	卵	goti	ひざ
duka	店	sanduku	箱

このクラスの形容詞接頭辞は基本的にゼロである．つまり，形容詞語幹には何もつかない．ただし，母音から始まる形容詞語幹と一音節からなる形容詞語幹 -pya〈新しい〉のみ，形容詞接頭辞として j(i)- がつく．

⟨11⟩

jiwe zuri	よい石
jiwe kubwa	大きい石
jiwe j-ingine	他の石
jiwe j-eusi	黒い石
jiwe j-ekundu	赤い石
jiwe ji-pya	新しい石

(6) 6クラス（ma-）

このクラスは5クラスの複数形を表す．5クラスの名詞接頭辞が ji- の場合は，ji- が ma- に交替する場合と，ji- の前に ma- が加わる場合とがある．5クラスの接頭辞がゼロの場合は，単純に ma- を加えれば複数形になる（以下の語例の意味はすべて複数扱い）．

⟨12⟩　ji- が ma- に交替する語例（母音語幹の場合は，m-e あるいは m- になる）

ma-we	石	m-eko（< ma-iko）	七輪
ma-cho	目	m-eno（< ma-ino）	歯
m-ambo	問題，事柄		

⟨13⟩　ma- が加わる語例

ma-jina（< ma-ji-na）	名前	ma-tunda	果物
ma-embe	マンゴー	ma-chungwa	オレンジ
ma-nanasi	パイナップル	ma-yai	卵

ma-goti　　　　　　ひざ　　　　　　ma-duka　　　店
ma-sanduku　　　　箱

このクラスには maji〈水〉のように対応する5クラスの単数形がない名詞もある．液体を表す語や，動詞から派生した抽象的な意味を表す名詞などである．

〈14〉
ma-ji　　　　　水　　　　　ma-endeleo　　　発展
ma-te　　　　　つば　　　　ma-elezo　　　　説明
ma-futa　　　　油　　　　　ma-pinduzi　　　革命
ma-ziwa　　　　乳　　　　　ma-zungumzo　　会話

形容詞接頭辞は語幹が母音で始まる場合は融合して m-e になる．

〈15〉
ma-tunda m-engine　　　（＜ ma-ingine）　　他の果物
ma-chungwa m-engi　　　（＜ ma-ingi）　　　たくさんのオレンジ
ma-sanduku m-eusi　　　（＜ ma-eusi）　　　黒い箱
ma-yai m-eupe　　　　　（＜ ma-eupe）　　　白い卵

(7) 7クラス（ki-/ch-）

このクラスに属する名詞は，一般に「物」を表す名詞であるといわれているが，やはり種々の名詞がみられる．接頭辞は ki- であるが，母音語幹の場合は ch- になる．

〈16〉
ki-tu　　　　物　　　　　　ch-akula　　　食べ物
ki-ti　　　　椅子　　　　　ch-uo　　　　学校
ki-su　　　　ナイフ　　　　ch-umba　　　部屋
ki-tabu　　　本　　　　　　ch-oo　　　　便所

母音語幹の名詞でも ch- とならずに，ki- のままの語もある．

〈17〉
ki-oo　　　　　鏡，ガラス　　　　ki-atu　　　　　靴（片方）

形容詞でも，母音語幹につく接頭辞は ch- となる．ただし，母音 i から始まる語幹の場合は ki- のままである（i は脱落する）．

〈18〉
kitu ki-zuri　　　　よい物
kitu k-ingine　　　　他の物
kitu ch-eusi　　　　黒い物
kitu ch-ekundu　　　赤い物

(8) 8 クラス（vi-/vy-）

このクラスは 7 クラスの複数形を表す．接頭辞は vi- であるが，母音語幹の場合は vy- になる．母音語幹の名詞でも vy- とならずに，vi- のままの語もある（以下の語例の意味はすべて複数扱い）．

〈19〉
vi-tu　　　　物　　　　　　vy-akula　　　食べ物
vi-ti　　　　椅子　　　　　vy-uo　　　　　学校
vi-su　　　　ナイフ　　　　vy-umba　　　部屋
vi-tabu　　　本　　　　　　vy-oo　　　　　便所
vi-oo　　　　鏡，ガラス　　vi-atu　　　　　靴

形容詞でも，母音語幹につく接頭辞は vy- となる．ただし，母音 i から始まる語幹の場合は vi- のままである（i は脱落する）．

〈20〉
vitu vi-zuri　　　　よい物
vitu v-ingine　　　　他の物
vitu vy-eusi　　　　黒い物
vitu vy-ekundu　　　赤い物

また，8 クラスは「様態」を表す副詞的な意味も表す．

〈21〉
vizuri　　　上手に　　　　　vibaya　　　下手に，悪く

(9) 9 クラス・10 クラス（n-/φ-）

　9 クラスが単数形で 10 クラスがそれに対応する複数形のクラスであるが，このペアは「単複同形」であり，どちらのクラスも名詞や形容詞の形はまったく同じである．この場合，名詞や形容詞だけでは，単数なのか複数なのかわからない（ただし，のちにみるように，所有代名詞や指示詞，主語接辞や目的語接辞などでは形が異なるので，どちらのクラスかがわかる）．一方，10 クラスの名詞には，次にみる 11 クラスの名詞の複数形も含まれている．11 クラスと 10 クラスが単複のペアをなす場合は，もちろん，名詞も形容詞も形が異なるので，単複の区別はつく．

　このクラスに分類される名詞も「物」をあらわす名詞の他，種々雑多なものが含まれる．基本的には名詞接頭辞として n- をとるクラスであるが，名詞接頭辞がゼロ，つまり名詞接頭辞をとらない名詞も数多くある．外来語の多くは名詞接頭辞をとらない名詞として，このクラスに属することになる（以下の語例は，単複どちらの意味も表し得る）．

〈22〉　名詞接頭辞 n- をとる語例
n-guo　　　服，布　　　　　n-dizi　　　バナナ
n-chi　　　国　　　　　　　n-jia　　　道

〈23〉　接頭辞 n- が語幹の子音に同化して m- となる語例（発音の変化に合わせて m で書く）
m-bwa　　　犬　　　　　　　m-buzi　　　ヤギ
m-vua　　　雨　　　　　　　m-begu　　　種

〈24〉　名詞接頭辞をとらない語例
safari　　　旅　　　　　　　saa　　　　時計，時間
meza　　　机　　　　　　　ladha　　　味
chumvi　　　塩　　　　　　　barua　　　手紙
pikipiki　　オートバイ　　　pilipili　　とうがらし

形容詞接頭辞は n- であり，基本的にはどの形容詞も接頭辞がつく．ただし，形容詞語幹の音韻によって，n- が m- /ny- /φ- になったり，特別な形になったりする．

〈25〉　形容詞接頭辞が n- である語例
nguo　n-zuri　　　よい服
nguo　n-dogo　　　小さい服

〈26〉　形容詞接頭辞が語幹の子音に同化して m- となる語例
nguo　m-pya　　　新しい服
nguo　m-baya　　　悪い服

〈27〉　形容詞接頭辞が ny- となる語例（母音語幹につくとき）
nguo　ny-igi　　　たくさんの服
nguo　ny-ingine　　他の服
nguo　ny-eusi　　　黒い服

〈28〉　形容詞接頭辞がつかない語例（形容詞語幹が無声子音で始まるとき）
nguo　kubwa　　　大きい服
nguo　fupi　　　　短い服
nguo　chache　　　少ない服

〈29〉　例外として覚えておきたい語例
nguo　nj-ema　　　　よい服
nguo　n-defu（< n-refu）　長い服

このクラスには，人や動物を表す名詞も多く含まれる．その場合，形容詞は 1・2 クラスの形になる．

〈30〉　人や動物を表す名詞につく形容詞の例
rafiki　m-zuri　　　よい友達
ndugu　wa-zuri　　　よい兄弟たち
baba　mw-ingine　　他のお父さん
mbwa　w-engi　　　たくさんの犬

(10) 11 クラス（u-/w-）

このクラスの名詞には，「細長いもの」を表す名詞が含まれているが，数えられないものや抽象名詞，国名なども含まれている．名詞接頭辞は u- であるが，母音語幹にはつくときは w- になる．数えられる物であれば，対応する複数形があるが，それは 10 クラスになる（例外的に 6 クラスの場合もある）．複数形の 10 クラスの名詞接頭辞は，基本的に n-/ny- であるが，語幹によって異なるので，下の語例で確認しておいて欲しい．語幹が単音節の場合は 11 クラスの名詞接頭辞 u- を残して ny- がつく．

⟨31⟩　11 クラスと 10 クラスのペアの語例

（単数）	（複数）	
u-zi	ny-u-zi	糸
u-so	ny-u-so	顔
u-ma	ny-u-ma	フォーク
u-limi	n-dimi　（＜ n-limi）	舌
u-bao	m-bao	板
u-nywele	nywele	髪の毛
u-kuta	kuta	壁
u-funguo	funguo	鍵
w-avu	ny-avu	網
w-imbo	ny-imbo	歌

⟨32⟩　11 クラスと 6 クラスのペアの語例

u-gonjwa	ma-gonjwa	病気
u-gomvi	ma-gomvi	けんか

⟨33⟩　複数形のない語例

u-dongo	泥，土	w-ino	インク
u-gali	ウガリ	u-kubwa	大きさ
u-nga	粉	u-zuri	良さ，美しさ
u-ji	粥	U-laya	ヨーロッパ
w-ali	ご飯	U-reno	ポルトガル

形容詞接頭辞は m-/mw- である．

⟨34⟩
uzi	m-zuri	よい糸
uzi	m-refu	長い糸
uzi	mw-ingine	他の糸
uzi	mw-eusi	黒い糸

(11) 15 クラス（ku-/kw-）

このクラスは動詞の不定形のクラスである．動詞の不定形は「～すること」という意味を表す動名詞として扱われる．接頭辞は名詞，形容詞ともに ku-/kw- である．

⟨35⟩
Ku-safiri ni ku-zuri.	旅することはよい
Kw-iba ni ku-baya.	盗むことは悪い

(12) 16・17・18 クラス（pa-, ku-, mu-）

この3つのクラスは，いわゆる「場所クラス」と呼ばれるもので，場所を表す名詞が属する．〈場所〉という意味のスワヒリ語は，各クラスに応じた pahali, kwahali, mwahali という語があるが，普通はあまり用いられず，一般には mahali のみが用いられる．mahali は，その場所の特徴によって，16・17・18 のいずれのクラスにもなり得る．

16 クラスは，「まさにここ」というように，特定された定点的な場所を表す．17 クラスは，「だいたいこのあたり」というように，不特定でそれなりの広がりをもった場所を表す．18 クラスは「～の中」というように，何かの中を表す（この区分は，5章の5.2節でみた「存在辞」-po / -ko / -mo の区分と同じである）．

これらのクラスに属する名詞は，mahali〈場所〉以外には，shule-ni〈学校で〉や nyumba-ni〈家で〉など，場所を表す接尾辞 -ni をつけた名詞である．これらの名詞の形からはどのクラスに属しているかはわからないが，修飾語の形がクラスによって異なる．以下に形容詞を伴った語例をあげてみておこう．

⟨36⟩
mahali pa-zuri / p-engine　　　　　　よい／他の場所（16 クラス）
mahali ku-zuri / kw-ingine　　　　　　よい／他の場所（17 クラス）
mahali mu-zuri / mw-ingine　　　　　　よい／他の場所（18 クラス）

以上が各クラスの大まかな概要である．修飾語は形容詞のみを取り上げたが，指示詞や所有詞などについては次章を参照されたい．

11 ウガリはみんなで食べる

10.2 「習慣」を表す文（時制接辞 hu-）

「習慣」を表す文は時制接辞 hu- を用いるが，これは他の時制接辞と異なり，主語接辞をとらない．それゆえ，動詞の前に主語にあたる名詞句がなければ，その文が誰／何のことを述べているかは，文脈から判断される．「いつも～する」という「習慣」を表す他，「～するものだ」というような一般的な真理を表す．ちなみに，これに対する否定形は，「現在」を表す文の否定形を用いる．

〈37〉
Ndege hu-ruka.	鳥は飛ぶ（ものだ）．
Watanzania hu-ongea Kiswahili.	タンザニア人はスワヒリ語を話す．
Hu-nywa pombe kila siku.	毎日お酒を飲んでいる．
Haba na haba hu-jaza kibaba.（Methali）	少しずつが満杯になる．（諺）
Mfa maji hu-kamata maji.（Methali）	溺れる者は水をつかむ．（諺）
cf.Mshoni ha-chagui nguo.（Methali）	仕立て屋は布を選ばない．（諺）

練 習 問 題

1. 次の名詞句の複数形を書きなさい．
    1. mtoto mzuri
    2. mwezi mwingine
    3. jino jeupe
    4. kisu kingine
    5. nyumba ndogo
    6. ukuta mweusi
    7. Mjapani mwingine
    8. mlima mrefu
    9. embe tamu
    10. kiatu cheusi
    11. uzi mrefu
    12. mwanafunzi mwembamba
    13. yai jipya
    14. wimbo mwingine
    15. chuo kikuu kingine
    16. jina zuri

2. 次の日本語を「習慣」を表す時制接辞 hu- を用いて，スワヒリ語で書きなさい．
    1. よう子は毎日魚を食べます．
    2. 日本人は普通（kwa kawaida）日本語を話します．
    3. 日本人は食べる時，箸（vijiti vya kulia）を使います．
    4. ネエマのお母さんは塩をたくさん入れる．
    5. 犬と猫（paka）はいつも喧嘩する（gombana）．

3. 次のスワヒリ語を日本語に訳しなさい．
    1. Kuku wetu hutaga kila siku.
    2. Ng'ombe hula majani.
    3. Baba yangu huvuta sigara.
    4. Chui wa Serengeti hupanda miti.
    5. Mtaka yote hukosa yote.（Methali）
    6. Siku njema huonekana asubuhi.（Methali）

コラム 8 　常温ビールは体に良い？

　ダルエスサラームの夕方といえば，何はともあれキュッと冷えたビールで乾杯である．乾杯の瞬間は，今日も生きたという感動さえ湧き上がるほど尊いものだ．しかし，少し気になることもある．注文に来た店員が"Moto au baridi?"と聞いてくるのである．冷えていないビールはビールではないという発想は，ここでは当てはまらない．そして，実際にmotoを注文する人が少なからずいる．ここでのmotoとは「常温」のことである．なぜbaridiを注文しないのかと聞くと，motoのビールは体に良いからだという．特に咳にはmotoが良いのだそうだ．冷えていると飲みすぎるからという人もいるが，真の理由はわからない．店によってはbaridiの値段が高いこともある．電気のない田舎に行くと当然ビールはすべてmotoということになる．そういう地域ではみんながmotoのビールを飲むのだが，不思議と違和感なく飲める．だたし，内地の標高は相当高いので，酔いが早いことを忘れずに．

　ところで，この区別はビールだけではない．ソーダや水にも存在するので，店で注文する時には，"Maji ya baridi."「冷えた水」のように注文しよう．店員が持ってきたボトルがきちんと冷えているかどうか確認し，それでよければ売買成立である．　（角谷 征昭）

12　ビールとソーダで乾杯．全部moto．ビールはつぎ合わない．

11　食卓で 2
Kwenye meza ya mlo 2

Yoko:	Je, tunda hili ni embe?
Mama Neema:	Hapana. Hilo ni papai. Kuna mipapai uani. Ni miti mirefu sana. Siku hizi tunapata mapapai mengi. Je, mapapai yapo Japani?
Yoko:	Hamna. Mapapai hayapo kwetu. Tunanunua mapapai kutoka nchi za nje za kusini. Hmm… papai hili ni tamu sana.
Mama Neema:	Vizuri. Uendelee kula. Kuna tunda jingine hapa. Chukua ndizi hii pia. Imeiva sana. Tuna migomba mingi uani.
Yoko:	Asante, mama. Lakini nimeanza kushiba.
Mama Neema:	Ala! Mbona huli sana? Unakula kidogo kama panya! Uendelee kula. Unapenda chai au kahawa?
Yoko:	Napenda chai.
Mama Neema:	Unapenda chai ya maziwa au ya rangi?
Yoko:	Chai ya rangi ni chai gani?
Mama Neema:	Yaani chai bila maziwa.
Yoko:	Naomba chai ya maziwa.
Mama Neema:	Unatumia sukari? Sisi hutia sukari kama vijiko viwili au vitatu.
Yoko:	Ala, mnatia sukari nyingi! Mimi, kijiko kimoja kinanitosha.

11.1 名詞クラス(2)：主語接辞と主語接辞系の修飾語（指示詞・属辞・所有詞）

10課で名詞クラスの一覧と形容詞の形をみた．形容詞の形は基本的に名詞の形と同じである．これは学習者にとって覚えるのが比較的容易である．一方，名詞を修飾する語には，名詞とは異なる形になるものがある．その形は修飾する名詞の主語接辞が基準となって決まっている．そのような修飾語を「主語接辞系の修飾語」と呼ぶ．ここでは，主語接辞系の修飾語の代表的なものである指示詞と属辞，所有詞をみていこう．

主語接辞とは，それぞれのクラスの名詞が文の主語となるときに動詞の語頭につく接辞である．それぞれのクラスの主語接辞は次頁の一覧表にあるとおりである．また，それぞれのクラスの目的語接辞も主語接辞と同じ形である．1クラスのみ，主語接辞は a-/yu- であるが，目的語接辞は m- である（3.1節（2），3.1節（4）参照）．

次頁の一覧表でまず，各名詞クラスの主語接辞を確認しよう．それから，主語接辞が基準となって形が決まる修飾語の例を横にみていこう．ここでは，指示詞〈この〉，〈その〉，〈あの〉と属辞〈～の〉，所有詞〈私の〉をみる．それぞれ主語接辞の子音が関係していることがわかるだろう．1クラスの主語接辞は，a- と存在辞につく yu- の2つがあるが，指示詞では yu- が基準となっている．

指示詞〈この〉は，すべて h で始まっており，その次の母音は主語接辞の母音である．その後ろに主語接辞がつづくという構造である．

指示詞〈その〉も，すべて h で始まっており，その次の母音も主語接辞の母音である．その後ろに，［主語接辞 -o］がつづくという構造であるが，［主語接辞 -o］はクラスによって母音が脱落したり半母音になったり，子音が変化したりするので，それぞれの形をそのまま覚えておこう．

指示詞〈あの〉は，すべて［主語接辞 -le］という構造である．

属辞は基本的に，［主語接辞 -a］という構造であるが，クラスによって母音が脱落したり半母音になったり，子音が変化するので，それぞれの形をそのまま覚えておこう．所有詞の語頭部分は基本的に属辞と同じである（すべての所有詞は 4.2節参照）．

主語接辞・指示詞・属辞・所有詞の一覧表

クラス番号	語　例（名詞）	主語接辞	指示詞〈この〉	指示詞〈その〉	指示詞〈あの〉	属　辞	所有詞〈私の〉
1	mtoto	a-/ yu-	huyu	huyo	yule	wa	wangu
2	watoto	wa-	hawa	hao	wale	wa	wangu
3	mlima	u-	huu	huo	ule	wa	wangu
4	milima	i-	hii	hiyo	ile	ya	yangu
5	jicho	li-	hili	hilo	lile	la	langu
6	macho	ya-	haya	hayo	yale	ya	yangu
7	kisu	ki-	hiki	hicho	kile	cha	changu
8	visu	vi-	hivi	hivyo	vile	vya	vyangu
9	nguo	i-	hii	hiyo	ile	ya	yangu
10	nguo	zi-	hizi	hizo	zile	za	zangu
11	uzi	u-	huu	huo	ule	wa	wangu
15	kusafiri	ku-	huku	huko	kule	kwa	kwangu
16	mahali	pa-	hapa	hapo	pale	pa	pangu
17	mahali	ku-	huku	huko	kule	kwa	kwangu
18	mahali	m(u)-	humu	humo	m(u)le	mwa	mwangu

　指示詞は単独で,〈これ〉,〈それ〉,〈あれ〉という代名詞として用いることができる. 16-18 の「場所クラス」の場合は〈ここ〉,〈そこ〉,〈あそこ〉という意味になるが, それぞれに,〈特定の地点〉,〈おおよそのあたり〉,〈何かの中〉という違いによって3つずつの形があることになる.

〈1〉

Huyu ni mama yangu.	これは私の母です.
Hilo ni papai.	それはパパイアです.
Mtoto yuko kule.	子供はあそこにいますよ.
Watatoka hapo.	彼らはそこから出てきますよ.

修飾語は基本的にすべて名詞の後ろにくる．複数の修飾語が並ぶ場合，名詞のすぐ後ろにくるのは所有詞であり，一番遠くにくるのは属辞＋名詞句である．その間に他の修飾語がくる．指示詞は名詞の前にくることもあるが，その場合は，〈例のあの〜〉のように，すでに述べたことや既知のものを指す意味になったり，指示物を強調したりする．

〈2〉
watoto wake wazuri watatu	彼女の3人の良い子どもたち
ng'ombe wao ishirini wa maziwa	彼らの20頭の乳牛
kitabu kizito cha historia	重い歴史の本
kitabu changu hiki	私のこの本
hiki kitabu	（例の・まさに）この本

　baba〈父〉や mama〈母〉，rafiki〈友人〉，mbwa〈犬〉のように，人や動物を表す名詞で 9/10 クラスに属する場合，形容詞と同様，主語接辞系の修飾語も 1/2 クラスの形になる．ただし，人を表す名詞につく所有詞のみ，9/10 クラスの形になる．たとえば〈私の〉という場合，1/2 クラスの wangu ではなく，9/10 クラスの yangu/zangu となるのが普通である．

〈3〉人や動物を表す名詞につく主語接辞系の修飾語の例
rafiki huyu	この友人
rafiki zangu	私の友人たち
baba yangu	私のお父さん
ndugu wale	あの兄弟たち
mbwa huyo	その犬
mbwa wangu	私の犬

　人を表す名詞につく所有詞が 1/2 クラスの wangu になることも可能ではあるが，そうするとその人に対して「疎遠」な感じがする．逆に，動物につく所有詞に 9/10 クラスの yangu/zangu をつけると，ペットのような「親しみ」が加わる．
　主語接辞系の修飾語はこの他に，-pi〈どの〉，-ote〈すべての〉，-o-ote〈どんな〜も〉，-enye〈〜を持っている〉などがある．それぞれのクラスの形がどのようになるかは，12.1 節の一覧表を参照のこと．

11.2 「場所クラス」の主語接辞 – 所有辞 na 〈～がある〉

5.1 節で「所有文」の構造についてみた．所有文は -na という所有辞に主語接辞がついた語からなるが，主語接辞に「場所クラス」のものがくることがある．この場合，〈(～に) ～がある〉という「存在」を表す意味になる．主語接辞には pa- /ku- /mu- の 3 つが可能であるが，不特定の場所を表す ku- が一番よくみられる．「主語」にあたる場所を表す名詞は，主語接辞 -na の前にも後ろにも現れ得る．

〈4〉

Kuna watu wengi hapa.	ここには大勢の人がいる．
Kuna mipapai uani.	裏庭にパパイヤの木がある．
Kuna tunda jingine hapa.	ここに他の果物がある．
Chumbani humu mna mbwa.	この部屋の中には犬がいる．
Palipo na nia pana njia.	意志のある所に道はある．（諺）

〈～がある〉という「存在」を表す文は，5.2 節で存在辞 -po/-ko/-mo を用いて表すことをみた．存在辞を用いる表現と，所有辞を用いる表現とでは，存在物が話題になっているものかどうかという違いがある．存在辞を用いる文では，存在物が話題になっていて，それがどこにあるかを示している（存在物が「旧情報」）．一方，所有辞を用いる文では，存在物を新たに会話に導入して提示している（存在物が「新情報」）．

〈5〉

Kalamu iko juu ya meza.	ペンは机の上にある．（ペン＝旧情報）
Kuna kalamu juu ya meza.	机の上にはペンがある．（ペン＝新情報）
Mbwa yumo chumbani.	犬は部屋の中にいる．（犬＝旧情報）
Chumbani kuna mbwa.	部屋の中には犬がいる．（犬＝新情報）

練習問題

1. 次の単語を使って，それぞれの名詞句をスワヒリ語で書きなさい．

chuo kikuu	大学	mgomba	バナナの木
msichana	女の子	kaka	兄
maziwa	ミルク	nywele	髪の毛

   1. 私の大学，あの大学，その大学，大阪の大学
   2. このバナナの木，そのバナナの木，彼らのバナナの木，学生のバナナの木
   3. この女の子，あの女の子，その女の子，ダルエスサラームの女の子
   4. 私の兄，よう子の兄，この兄，あの兄，その兄
   5. 牛のミルク，このミルク，そのミルク，チャイのミルク
   6. 私たちの髪の毛，その髪の毛，この髪の毛，女の子の髪の毛

2. 次の名詞句を複数形にしなさい．
   1. mtu huyu
   2. ubao ule
   3. nyumba hii
   4. jina hili
   5. mti huo
   6. papai jingine
   7. kijiko hicho
   8. nguo ile
   9. mwanafunzi yule
   10. mwaka huu
   11. mtoto wetu mwingine
   12. chuo kikuu hiki
   13. dada yangu
   14. mvulana huyo mrefu
   15. mlima wetu wa Tanzania
   16. rafiki yetu

3. 次の文をスワヒリ語で書きなさい．
   1. 家の中には私の兄たちがいる．
   2. 先生たちはあの中にいる．
   3. 裏庭にはたくさんのバナナの木がある．
   4. パパイアの木は裏庭にある．
   5. あれはキリマンジャロ山です．これは日本の山です．
   6. 彼の家では宴会（karamu）がある．私の家にもお客さん（wageni）が来た．

12 バスに乗る 1
Kupanda basi 1

Neema:	Yoko, twende tukatembelee chuo kikuu.
Yoko:	Chuo Kikuu cha Dar es Salaam? Vizuri sana. Ninataka kutembelea chuo kikuu chako. Twende kwa namna gani? Tuchukue teksi?
Neema:	Hapana. Tusichukue teksi. Itakuwa gharama nyingi. Twende kwa basi. Kule kuna kituo cha basi.
Yoko:	Haya. Nimesikia kwamba mabasi ya Dar es Salaam yanaitwa "Daladala".
Neema:	Umeshajua. Ndiyo, huitwa "Daladala". Kule Kenya wanaita "Matatu". Mwanza yanaitwa "Express".
Yoko:	Majina hayo yanapendeza! Naona magari mengi hapa ni ya Kijapani.
Neema:	Ndiyo. Magari mengi yanaletwa kutoka Japani.
Yoko:	Tupande basi lipi?
Neema:	Subiri kidogo. Tuchukue basi la kuelekea Mwenge kwanza. Bora tusimame mbele zaidi.
Yoko:	Hebu, yule kondakta anasema "Mwenge, Mwenge!"
Neema:	Sawa. Tupande basi lile.

12.1 その他の主語接辞系の修飾語

ここでは，11.1 節でみた指示詞や所有詞以外の主語接辞系の修飾語をみておこう．以下に，-pi〈どの〉，-ote〈すべての〉，-o-ote〈どんな〜も〉，-enye〈〜のある〉のそれぞれのクラスの形を一覧表にあげる．

その他の主語接辞系の修飾語

クラス番号	語例(名詞)	主語接辞	-pi〈どの〉	-ote〈すべての〉	-o-ote〈どんな〜も〉	-enye〈〜のある〉
1	mtoto	a-/ yu-	yupi	wote	yeyote	mwenye
2	watoto	wa-	wepi	wote	wowote	wenye
3	mlima	u-	upi	wote	wowote	wenye
4	milima	i-	ipi	yote	yoyote	yenye
5	jicho	li-	lipi	lote	lolote	lenye
6	macho	ya-	yapi	yote	yoyote	yenye
7	kisu	ki-	kipi	chote	chochote	chenye
8	visu	vi-	vipi	vyote	vyovyote	vyenye
9	nguo	i-	ipi	yote	yoyote	yenye
10	nguo	zi-	zipi	zote	zozote	zenye
11	uzi	u-	upi	wote	wowote	wenye
15	kusafiri	ku-	kupi	kote	kokote	kwenye
16	mahali	pa-	wapi	pote	popote	penye
17	mahali	ku-	wapi	kote	kokote	kwenye
18	mahali	m(u)-	wapi	mote	momote	mwenye

-pi〈どの〉は，疑問詞である．各クラスの主語接辞がそのまま -pi につくが，2 クラスの場合は wapi ではなく wepi となる．場所クラスではすべて wapi〈どこ〉となる．また，8 クラスは「様態」を表すことがあるので，vipi は〈どのように〉という意味にもなる．

Kupanda basi 1

⟨1⟩

Tupande basi lipi?	どのバスに乗りましょうか.
Yupi ni Mtanzania?	どの人がタンザニア人？
Wanafunzi wepi wanatoka Kenya?	どの学生がケニアの出身？
Mambo vipi, shoga?	調子はどう？

-ote〈すべての〉は，所有詞と同じ子音がつく形になる．-o-ote〈どんな〜も〉は -ote の最初の一音節を繰り返す形である．ただし，1 クラスのみ yeyote となるので覚えておこう．

⟨2⟩

Basi lolote litakwenda Mwenge.	どのバスもムエンゲに行く.
Mtu yeyote anaweza kuhudhulia.	どの人も参加できます.
Duniani kote kuna vita.	世界中に紛争がある.
Samaki mmoja akioza, huoza wote.	魚一匹が腐れば全部腐る．（諺）

-ote〈すべての〉は，独立人称代名詞（3.2 節参照）の複数の人称とともに現れることがある．特別な形になるので覚えておこう．

⟨3⟩

sisi sote	私たちみんな
nyinyi nyote	あなたたちみんな
wao wote	彼らみんな

-enye〈〜のある〉は，「A -enye B」という形で現れ，〈BのあるA〉という意味を表す．-enye はAの名詞クラスに呼応した形になる．やはり基本的には，所有詞と同じ子音がつくが，1 クラスのみ mwenye となるので覚えておこう．

⟨4⟩

nyumba yenye madirisha	窓のある家
mtu mwenye mali	財産のある人
shati lenye mikono	袖のあるシャツ（長そでシャツ）
mahali penye maji	水のある所

Aにあたる名詞がmtu〈人〉の場合は，省略してmwenye duka〈店主〉やmwenye nyumba〈家主〉などと言うのが一般的であり，合成語としてmwenyekiti〈議長〉などのようなものもある．同じくmahaliも省略されうる．その結果，kwenyeを〈～のところで〉という前置詞的に用いることがよくある．

〈5〉
kwenye kituo cha basi	バス停で
kwenye duka lile	あの店で
Mwenye kelele hana neno.	大騒ぎする人は問題ない．（諺）
Penye wengi pana mengi.	人の多い所は問題も多い．（諺）
Kwenye miti hakuna wajenzi.	木のある所には大工はいない（諺）
Mwenye macho haambiwi tazama.	目のある人は見ろとは言われない．（諺）

🔟3 Mwenge行きのダラダラ

12.2　接続形（3）

　動詞の接続形については，8.2 節と 9.1 節でみた．接続形の用法にはさまざまなものがある．ここではその他の用例として，助言や義務を表す副詞とともに用いられる例をみておこう．

(1) 接続形の用法③　助言や義務を表す副詞とともに用いられる

　「〜したほうがいい」という文は，助言を表す副詞である Bora か Afadhali のあとに接続形を続ける．どちらの語も，もともと「よりよい」という意味の語である．うしろの接続形が否定形の場合は，「〜しない方がいい」という意味になる．

⟨6⟩
Bora tusimame mbele zaidi.
　　　私たちはもう少し前に立ったほうがいいでしょう．
Afadhali mpande basi jingine.
　　　あなたたちは別のバスに乗ったほうがいいでしょう．
Bora usitie chumvi nyingi.
　　　あなたはたくさん塩を入れないほうがいいでしょう．
Afadhali wanafunzi wasivute sigara.
　　　学生はたばこを吸わないほうがいいでしょう．

　「〜しなければならない」という文は，義務を表す副詞である Lazima か Sharti のあとに接続形を続ける．どちらの語も，もともと「義務」という意味の語である．Lazima はアラビア語起源のなごりで，La の部分にアクセントをおいて発音することもある．また，これらの副詞の前に否定の繋辞を表す si をおいて，Si lazima / Si Sharti とすると，「〜しなくてもいい」という意味になる．

⟨7⟩
Lazima tupande basi la kwenda Mwenge.
　　　私たちはムエンゲ行きのバスに乗らなければならない．

Sharti wanafunzi waongee Kiswahili kila siku.
　　　　学生は毎日スワヒリ語を話すべきだ.
Si lazima tulipe nauli sasa.
　　　　私たちは今, 料金を払わなくてもいい.
Si sharti niende shule kila siku.
　　　　私は毎日学校へ行かなくてもいい.

コラム9　タンザニア若者ことば2―ダラダラ語

　ダラダラ Daladala とはタンザニアの都市民の愛すべき交通手段, 乗合バスだ. ケニアでいうところのマタツ Matatu にあたる. ダラダラという名前の由来は, 運賃が5シリンギだったころにさかのぼる. 5シリンギのコインは若者ことばで dala. もちろん dala とは英語の dollar が語源. Daladala!「5シリンギ5シリンギ!」と呼びこみをする車掌 konda（英語の conductor から）のことばから, 乗り合いバス自体が daladala と呼ばれるようになった.

　新しい若者ことばが生まれると, それは乗務員や乗客の口に上り, そしてダラダラに乗って町じゅうに運ばれる.「若者ことばを習いたければ, まずはダラダラに乗って耳を澄ませ」と言われる.

　ダラダラはドライバー suka（動詞 suka「髪を編む, スピンさせる」から）と konda の2人で切り盛りする. さらに停留所やバスターミナルには呼び込み piga　debe（直訳すると「ブリキ缶を叩く」. ダラダラの車体を叩いて呼び込むことから）がいて, 乗客が正しくバスに乗れるよう案内し, 道行く人をせかしてダラダラに乗せこむ. もう満杯でも, 日本の通勤ラッシュ顔負けの勢いで乗客を詰めこむ. すると piga debe はその場で suka や konda から呼び込みのお駄賃をもらう.

　ダラダラの業界用語も豊かだ. たとえば学校に通う子供は運賃が半額なので majeruhi（障害者）, 警察官や兵士はそもそも運賃を払わないので maiti（死体）と, 業界人は陰で呼ぶらしい.　（阿部　優子）

練 習 問 題

1. 次の単語を使って，〈どの〜？〉，〈どんな〜も〉という名詞句を作りなさい．
   (例：chuo kikuu kipi?〈どの大学？〉)

chuo kikuu	大学	mgomba	バナナの木
wasichana	女の子たち	kaka	兄
tunda	果物	nywele	髪の毛
mafuta	油	pesa	お金
milima	山々	mahali	場所

2. 次の名詞句を複数形にしなさい．
   1. nyumba yenye madirisha
   2. mtu mwenye mali
   3. shati lenye mikono
   4. kitabu chenye picha
   5. mti wenye matunda
   6. tunda lenye mbegu

3. 次の文をスワヒリ語で書きなさい．
   1. あなたは毎日スワヒリ語を勉強した方がいい．
   2. 学生たちは授業中（darasani），質問をした方がいい．
   3. あなたはチャイに砂糖をたくさん入れない方がいい．
   4. みなさんはタンザニアに行ったら，キリマンジャロ山に登るべきだ．
   5. 動物公園には行かなくてもいい．
   6. しかし動物の名前をスワヒリ語で覚え（kumbuka）ておくべきだ．

13　バスに乗る 2

Kupanda basi 2

Yoko:	Aa, basi limejaa watu!
Neema:	Usijali. Tupande tusogee nyuma. Kondakta atatuonyesha nafasi.
Yoko:	Kuna joto jingi ndani. Lazima tulipe nauli sasa?
Neema:	Kondakta akija, tutalipa. Au tutalipa wakati wa kuteremka.
Yoko:	Kondakta anakumbuka nani amelipa na nani hajalipa?
Neema:	Bila shaka. Ndiyo kazi yake, sivyo?
Yoko:	Ni kweli.
Neema:	Sasa tumefika Mwenge. Lazima tupande basi jingine la kwenda chuo kikuu.
Yoko:	Pana mabasi mengi na watu wengi. Vitu mbalimbali vinauzwa. Je, yule mvulana anauza nini?
Neema:	Yeye anachoma mishikaki. Nyama ya ng'ombe imekatwakatwa vipande vipande, ikatungwa katika vijiti na kuchomwa. Nitakununulia mishikaki ili uonje.
Yoko:	Asante. Je, mshikaki mmoja ni bei gani?
Neema:	Kwa kawaida mmoja ni shilingi mia mbili.

13.1 動詞の派生形(1):受動形

3.1節で動詞の派生接辞について紹介したが,ここではその1つである受動形接辞についてみていこう.派生接辞は動詞語根のすぐ後ろについて,動詞を「受動形」や「使役形」などに変える.受動形はいわゆる「受け身」形で,「~する」という動詞の意味を「~される」という意味に変える.

受動形の接辞は基本的に -w であるが,母音語根や単音節動詞につく場合は形がことなる.それぞれの場合を順にみていこう.

〈1〉 子音語根につく場合は -w

piga	叩く,殴る	>	pig-w-a	叩かれる,殴られる
uza	売る	>	uz-w-a	売られる
kata	切る	>	kat-w-a	切られる
choma	焼く	>	chom-w-a	焼かれる

〈2〉 母音語根のうち,i,e で終わる語根には,子音語根同様 -w

tia	入れる	>	ti-w-a	入れられる
saidia	助ける	>	saidi-w-a	助けられる
pokea	受け取る	>	poke-w-a	受け取られる
tegemea	寄りかかる	>	tegeme-w-a	寄りかかられる
(例外) lea	育てる	>	le-lew-a	育てられる

〈3〉 母音語根のうち,a,u で終わる語根には -liw,o で終わる語根には -lew

kaa	座る	>	ka-liw-a	座られる
zaa	生む	>	za-liw-a	生まれる
nunua	買う	>	nunu-liw-a	買われる
ondoa	取り除く	>	ondo-lew-a	取り除かれる
toa	出す	>	to-lew-a	出される
oa	結婚する	>	o-lew-a	結婚される
(例外) ua	殺す	>	u-aw-a	殺される

〈4〉 単音節動詞につく場合は，-iw か -ew

la	食べる	>	l-iw-a	食べられる
ja	来る	>	j-iw-a	来られる
pa	与える	>	p-ew-a	与えられる
nywa	飲む	>	nyw-ew-a	飲まれる

〈5〉 借用語の動詞の場合は基本的にうしろに -wa をつける．u で終わっている場合は，u を i に変えて -wa をつける．

fikiri	考える	>	fikiri-wa	考えられる
furahi	喜ぶ	>	furahi-wa	喜ばれる
samehe	赦す	>	samehe-wa	赦される
jibu	答える	>	jibi-wa	答えられる
ruhusu	許可する	>	ruhusi-wa	許可される
（例外）sahau	忘れる	>	sahau-liwa	忘れられる

受動文で「だれだれによって」という「行為者」を表す名詞句は，英語であれば前置詞 by を用いて表されるが，スワヒリ語では na を用いて表す．したがって，能動文と受動文のペアは次のような形になる．

〈6〉
Mwalimu alimpiga mtoto wangu.　　先生が私の子供をなぐった．
Mtoto wangu alipigwa na mwalimu.　　私の子供が先生に殴られた．

Maria alimpa Juma kitabu.　　マリアがジュマに本をあげた．
Juma alipewa kitabu na Maria.　　ジュマがマリアに本をもらった．

また，動詞 oa〈結婚する〉は必ず〈男性〉が主語で，〈女性〉が目的語になる動詞である．したがって，〈女性が結婚する〉という意味を表す文は常に受動文になる．

〈7〉
Juma alimwoa Aisha.　　ジュマはアイシャと結婚した．
Aisha aliolewa na Juma.　　アイシャはジュマと結婚した．

他の受動文の例をみておこう．

⟨8⟩
Kiswahili kinasemwa na watu wengi katika Afrika ya Mashariki.
　　　　スワヒリ語は東アフリカで多くの人に話されている．
Mwizi huyo amehukumiwa kufungwa jela miaka mitatu.
　　　　その泥棒は3年の禁固刑に処せられた．
Mkono mtupu haulambwi.
　　　　空っぽの手は舐められない．（諺）
Mtu huulizwa amevaani, haulizwi amekulani.
　　　　人は何を着ているか問われる，何を食べたかは問われない．（諺）

14 ムシカキ売りのにいちゃん

13.2　動詞の派生形(2)：適用形

「適用形」というのは耳慣れない用語であるが，英語でこの派生形を呼ぶ時に用いられる applicative という用語を訳したものである．適用形は「～する」という動詞の意味をたとえば「～のために～する」，「～に向かって～する」というような意味に変える．

適用形の接辞は，子音語根につく場合は -i / -e，母音語根につく場合は -li / -le である．それぞれの例を順にみていこう．

⟨9⟩　子音語根につく場合，語根の母音が a, i, u のときは -i, e, o のときは -e

fanya	する	>	fany-i-a	～のためにする
pika	料理する	>	pik-i-a	～のために料理する
suka	編む	>	suk-i-a	～のために編む
leta	持ってくる	>	let-e-a	～に持ってくる
soma	読む	>	som-e-a	～のために読む

⟨10⟩　子音語根でも単音節動詞の場合は，動詞により -i か -e が決まっている

la	食べる	>	l-i-a	～のために食べる
ja	来る	>	j-i-a	～のために来る
fa	死ぬ	>	f-i-a	～で死ぬ
nywa	飲む	>	nyw-e-a	～のために飲む

⟨11⟩　母音語根につく場合，語根の母音が a, i, u のときは -li, e, o のときは -le

kaa	座る	>	ka-li-a	～に座る
kimbia	走る，逃げる	>	kimbi-li-a	～に向かって走る
nunua	買う	>	nunu-li-a	～のために買う
tembea	歩く，散歩する	>	tembe-le-a	～の方に歩く，訪ねる
toa	出す	>	to-le-a	～に向かって出す

⟨12⟩ 借用語の動詞の場合は基本的に後ろに -a をつける．u で終わっている場合は，u を i に変えて -a をつける．

fikiri	考える	>	fikiri-a	〜のことを考える
furahi	喜ぶ	>	furahi-a	〜のことを喜ぶ
samehe	赦す	>	samehe-a	〜のために赦す
jibu	答える	>	jibi-a	〜に答える
ruhusu	許可する	>	ruhusi-a	〜のために許可する
(例外) sahau	忘れる	>	sahau-lia	〜のことを忘れる
dharau	軽蔑する	>	dharau-lia	〜のことを軽蔑する

適用形の動詞の意味は，文脈によって異なってくるので，上記の例の意味はだいたいの目安程度である．また，適用形になると特別な意味になる場合があり，このような例は「語彙化」していると考える方がよい．適用形接辞が2つ付いて語彙化している例もある．そのような例を以下にみておこう．

⟨13⟩ 語彙化している適用形の例

nuka	臭う	>	nuk-i-a	匂う（よい匂いがする）
soma	読む	>	som-e-a	専攻する
uma	咬む，痛める	>	um-i-a	痛む，傷つく
toka	出る	>	tok-e-a	出現する
ngoja	待つ	>	ngoj-e-a	忍耐強く待つ
enda	行く	>	end-e-le-a	続ける
penda	好きだ	>	pend-e-le-a	偏愛する
oga	水浴びする	>	og-e-le-a	泳ぐ

動詞を適用形にした文では，おおまかに言って「〜のために〜する」，「〜の方に向かって〜する」などの意味が加わる．動詞の原形を用いた文と適用形を用いた文をペアにして例をみてみよう．

⟨14⟩
Maria alipika ndizi.　　　　　　　マリアはバナナを料理した．
Maria alimpikia mtoto ndizi.　　　マリアは子供のためにバナナを料理した．

Neema alinunua mishikaki.	ネエマは串焼き肉を買った.
Neema alimnunulia Yoko mishikaki.	ネエマはよう子に串焼き肉を買った.
Mtoto ameleta chai.	子供がチャイを持ってきた.
Mtoto ameniletea chai.	子供が私にチャイを持ってきた.
Watoto wanakimbia.	子供たちが走っている.
Watoto wanatukimbilia.	子供が私たちの方に走ってきている.
Nimeandika barua.	私は手紙を書いた.
Nimemwandikia Neema barua.	私はネエマに手紙を書いた.
Mama alipiga simu.	お母さんが電話をかけた.
Mama alimpigia baba simu.	お母さんがお父さんに電話をかけた.

適用形には「〜を使って〜する」という意味を加えることもある. ただし, この用法は,「道具」を表す名詞句を「属辞＋不定形」が修飾する場合にのみ見られる.

〈15〉「道具」を表す適用形の例

kisu cha kukatia nyama	肉を切るためのナイフ
kalamu ya kuandikia barua	手紙を書くためのペン
miwani ya kusomea gazeti	新聞を読むためのメガネ
mkono wa kulia	食べるための手（右手）

練 習 問 題

1. 次の文を受動文にしなさい．
    1. Mvulana yule anauza mishikaki.
    2. Askari wamevunja nyumba zao.
    3. Mtoto anakata nyama vipande vipande.
    4. Baba huyo anachoma mahindi.
    5. Dada alinisaidia kupika ugali.
    6. Kaka ameninunulia kitabu cha Kiingereza.
    7. Mama anatia sukari nyingi kwenye chai.
    8. Tajiri mmoja alimwoa msichana yule.
    9. Watanzania hula mahindi mengi.
    10. Mwalimu aliwapa wanafunzi kazi za nyumbani.

2. 次の文を適用形を用いてスワヒリ語で書きなさい．
    1. ネエマのお母さんがよう子のために魚と肉を料理してくれた．
    2. あの少年が私たちのためにムシカキを焼いてくれた．
    3. 店主が私たちに皿 (sahani) を持ってきてくれた．
    4. アイシャが彼女のお母さんに手紙を書いている．
    5. ネエマはよう子のためにバスの料金を払った．
    6. 明日の朝，君に電話をかけるよ．
    7. 私はビールを飲むためのコップ (kikombe) を買った．
    8. お湯を沸かす (chemsha) ためのやかん (birika) を持ってきて．

3. 次の文を受動形を用いてスワヒリ語で書きなさい．
    1. どの子も (kila mtoto) ノート (daftari) とペンをもらった．
    2. 私は 1985 年に生まれた．
    3. お客さんたち (wageni) は彼の家に迎えられた (karibisha)．
    4. 学生はタバコを吸うことが許されない．
    5. タンザニアの大統領 (rais) は 5 年ごとに (kila baada ya miaka mitano)，国民 (wananchi) によって選ばれる (chagua)．

コラム10 ダラダラの車内で

　タンザニアではどこにいても必ず"Jambo!"と声がかかる．そこでこちらがスワヒリ語に興味を示すと，またたく間にその場は＜スワヒリ語教室＞と化してしまう．食堂でもコーヒー露店でも市場でも，今までいろんな人が（勝手に）私のスワヒリ語の先生になってくれた．ダラダラという乗合のミニバスが町中では庶民の足となるのだが，このダラダラもスワヒリ語の練習には格好の場である．

　初めてダラダラに乗ったときのことである．乗り過ごさないように必死で窓から外の景色を見ていると，隣に座っていた人が"Unaenda wapi?"と話しかけてきた．行き先を告げると「それなら大きな橋を渡ったあとで，Naomba kutelemka. と言えばいいからね」と教えてくれた．「Naomba kutelemka. ね」と私が復唱した途端，ダラダラは急ブレーキをかけて止まってしまった．どうやらスワヒリ語の練習に熱が入りすぎたらしい．運転手さんは私の Naomba　kutelemka. の大きな声に驚いて，バス停でもないところで，"Hapa?" と言いながら急いで止まってくれたのである．後続の車からはクラクションの嵐！事情を説明できるほどのスワヒリ語力がなかった私は，ただおろおろするばかり．周りの人があわてて運転手さんに事情を説明してくれた．（米田 信子）

14 ムウェンゲから大学へ
Mwenge hadi chuoni

Neema:	Nitaagiza mishikaki mitano. Atatuletea nyama na kachumbari kwenye sahani.
Yoko:	Mmm… Mishikaki mitamu sana. Lakini…, mbona nyama ya huku ni ngumu.
Neema:	Haya, twende chuoni, tusikawie. Lazima turudi nyumbani kabla ya saa moja.
Yoko:	Tupande basi lipi safari hii?
Neema:	Basi lile la kwenda "Ubungo kupitia Chuo kikuu".
Yoko:	Sawa. Basi hili lina nafasi zaidi.
Neema:	Karibu utaona maduka ya vinyago upande wa kushoto.
Yoko:	Ehee, ninaona maduka mengi! Watalii wa Ulaya wanazunguka wakiangalia vinyago. Naona vinyago vya huku vinawafurahisha watalii.
Neema:	Ndiyo. Mwenge ni mashuhuri kwa maduka ya vinyago. Wengi wa wachonga vinyago ni Wamakonde. Kwa hivyo vinyago vyao huitwa "Makonde".
Yoko:	Nitawanunulia rafiki zangu zawadi za vinyago.
Neema:	Watafurahi, ingawa ni vizito mno.
Yoko:	Si kitu. Sasa naona tumeanza kupanda mlima, sivyo?
Neema:	Ndiyo. Tumekaribia kufika chuoni. Chuo kikuu chetu kiko juu ya mlima. Kwa hiyo kinaitwa "Mlimani Campus". Utaweza kuona mji mzima na bahari ya Hindi kutoka chuoni.

14.1　動詞の派生形(3)：使役形

使役形の派生接辞には，最も生産的な -ish/-esh の他に，-iz/-ez があり，少数の例ながら -y という形の接辞もみられる．また -sh や -lish など，これらの接辞の変異形もみられ，どの形の接辞をどのようにとるかは動詞によって決まっている．したがって，「派生」接辞ではあるが，生産的に使役形を「派生させて」作るというよりは，語彙的に決まっているものを覚えることになる．

使役形はその名のとおり，「〜に〜させる」という使役の意味も表すが，それが主要な意味というよりはむしろ，たとえば kauka〈乾く〉と kausha〈乾かす〉，choka〈疲れる〉と chosha〈疲れさせる〉のように，自動詞を他動詞にするはたらきや，使役の意味から派生して，語彙的に特別な意味を帯びることの方が多い．使役形はどの派生接辞をとるかということと併せて，その意味についても，原形の動詞とは別に，個別に覚える方が理解しやすいだろう．それぞれの派生接辞がつく形を，さまざまなバリエーションと語例をあげながらみていこう．

〈1〉　子音語根に -ish/-esh がつく例

andika	書く	>	andik-ish-a	書かせる，登録する
iva	熟れる	>	iv-ish-a	熟れさせる
la	食べる	>	l-ish-a	食べさせる，養う
cheka	笑う	>	chek-esh-a	笑わせる
ona	見る	>	on-esh-a	見せる
soma	読む	>	som-esh-a	読ませる，教える
weza	できる	>	wez-esh-a	可能にさせる
nywa	飲む	>	nyw-esh-a	飲ませる

〈2〉　子音語根末の k が -sh と交替する例

chemka	沸く	>	chem-sh-a	沸かす
kauka	乾く	>	kau-sh-a	乾かす
choka	疲れる	>	cho-sh-a	疲れさせる
amka	起きる	>	am-sh-a	起す
ruka	飛ぶ	>	ru-sh-a	飛ばす
kumbuka	思い出す	>	kumbu-sh-a	思い出させる
waka	燃える	>	wa-sh-a	燃やす

| anguka | 落ちる | > | angu-sh-a | 落とす |
| kasirika | 怒る | > | kasiri-sh-a | 怒らせる |

〈3〉 母音語根に -lish がつく例

jua	知る	>	ju-lish-a	知らせる
vaa	着る	>	va-lish-a	着せる
				（v-ish-a という形もある）
zaa	生む	>	za-lish-a	生ませる
kaa	座る	>	ka-lish-a	座らせる
tambua	認識する	>	tambu-lish-a	紹介する

〈4〉 母音語根に -sh がつく例

ogelea	泳ぐ	>	ogele-sh-a	泳がせる
ondoa	片付ける，除く	>	ondo-sh-a	取り除く，除外する
zoea	慣れる	>	zoe-sh-a	慣らす

〈5〉 動詞以外の語や，借用語の動詞に -sha がつく例．語末が i 以外の母音の場合は，その母音を i に変えて -sha をつける．ただし，形容詞の語末の u はそのままである．

bahati	運	>	bahati-sha	運にかける
aibu	恥	>	aibi-sha	恥をかかせる
safi	清潔だ	>	safi-sha	掃除する
fupi	短い	>	fupi-sha	短くする
refu	長い	>	refu-sha	長くする
chafu	汚い	>	chafu-sha	汚くする
tayari	準備できている	>	tayari-sha	準備する
hakika	確実	>	hakiki-sha	確かめる
furahi	喜ぶ	>	furahi-sha	喜ばせる
rudi	戻る	>	rudi-sha	戻す

〈6〉 子音語根に -iz/-ez がつく例

iga	真似る	>	ig-iz-a	真似する
apa	誓う	>	ap-iz-a	呪う
uma	咬む，痛める	>	um-iz-a	痛める，傷つける
penda	好きだ	>	pend-ez-a	素敵だ

〈7〉 母音語根に -z がつく例

toa	出す	>	to-z-a	出させる
oa	結婚する	>	o-z-a	結婚させる
poa	冷める	>	po-z-a	冷ます
lia	泣く，鳴る	>	li-z-a	泣かす，鳴らす
sogea	寄る	>	soge-z-a	寄せる
jaa	一杯である	>	ja-z-a	一杯にする
shangaa	驚く	>	shanga-z-a	驚かす
pungua	減る	>	pungu-z-a	減らす
ingia	入る	>	ingi-z-a	入れる
elea	明確にする	>	ele-z-a	説明する
chukia	嫌う	>	chuki-z-a	嫌わせる，嫌な
kataa	拒否する	>	kata-z-a	禁じる
kimbia	走る，逃げる	>	kimbi-z-a	追いかける
ugua	病む	>	ugu-z-a	看病する

〈8〉 子音語根末の子音が -z と交替する例

geuka	変わる，ふり向く	>	geu-z-a	変える，ひっくり返す
lala	寝る	>	la-z-a	寝かせる

〈9〉 子音語根に -y がつく例（語根末の子音が変化することもある）

ona	見る	>	on-y-a	警告する
pona	治る	>	pon-y-a	治す
ogopa	恐がる	>	ogof-y-a	恐がらせる
lewa	酔う	>	lev-y-a	酔わせる
			（lew-esh-a もある）	

動詞の原形を用いた文と使役形を用いた文をペアにした例をみてみよう．

〈10〉
Maji yamechemka.　　　　　　湯が沸いた．
Mtoto amechemsha maji.　　　子供が湯を沸かした．

Machungwa yameanguka.　　　　オレンジが落ちた．
Juma ameangusha machungwa.　ジュマがオレンジを落とした．

Mgonjwa anakunywa dawa.　　　病人が薬を飲んでいる．
Mama anamnywesha mgonjwa dawa.母が病人に薬を飲ませている．

Neema anapenda kanga nyekundu.　ネエマは赤いカンガが好きだ．
Kanga zake zinapendeza.　　　彼女のカンガは素敵だ．

使役形を用いた文をことわざ・慣用句にみてみよう．

〈11〉
Alalaye usimwamshe, ukimwamsha, utalala wewe.
　　　　　　寝ている人は起すな，起こしたら，自分が寝ろ．（諺）
Usinivishe kilemba cha ukoka.
　　　　　　私に蔓草のターバンを着せるな（私にお世辞を言うな）．

14.2 時刻の表し方

　スワヒリ語の時刻表現は，私たちの言い方とは6時間ずれる．スワヒリ語では，時計の文字盤の一番下が〈12時〉で，一番上を〈6時〉とする．〈〜時〉はスワヒリ語で saa という．〈午前〉，〈午後〉のかわりに asubuhi〈朝〉，mchana〈昼〉，jioni〈夕方〉，usiku〈夜〉などの語を時刻の後ろにつけて表す．したがって，私たちが〈午前6時〉と呼ぶ時刻は，スワヒリ語では saa kumi na mbili asubuhi となる．同様に，〈午後1時〉は saa saba mchana である．列車の時刻表などでは私たちが使うのと同じ24時間制の表現（深夜が0時）を使うが，一般の時刻表現では12時までしか用いない．その他，時刻表現には dakika〈分〉，robo〈15分〉，nusu〈30分・半〉，kasoro〈前〉，kasorobo〈15分前〉などを用いる．

〈12〉

Saa ngapi sasa?	今，何時？
Saa moja na dakika tano.	7時5分．
Saa moja na robo.	7時15分．
Saa moja na dakika ishirini na tatu.	7時23分．
Saa moja na nusu.	7時半．
Saa mbili kasorobo.	8時15分前．
Saa mbili kasoro dakika tano.	8時5分前．
Saa tatu usiku.	午後9時（夜の9時）．

　〈2時間〉という時間の長さを表す表現も saa を用いるので，saa mbili と言った時に，〈2時間〉ということなのか，〈8時〉ということなのか，まぎらわしい．このまぎらわしさを避けるために，〈2時間〉という場合，muda wa〈〜の期間〉をつけて，muda wa saa mbili ということもある（内陸の方では，6クラスの名詞 masaa にして，masaa mawili という表現もしばしば聞かれる．標準文法ではない）．また，nusu saa〈半時間〉，robo saa〈15分間〉という言い方があるが，それぞれ nusu や robo が saa の前におかれていることに注意しよう．

⟨13⟩

Itachukua saa ngapi mpaka Moshi?	モシまで何時間かかりますか.
Itachukua saa saba au nane.	7, 8 時間かかります.
Mtafika baada ya nusu saa.	半時間後には着きますよ.
Chakula kitakuwa tayari baada ya robo saa.	食事は 15 分でできます.

15 マコンデを彫る人

練 習 問 題

1. 次の時刻をスワヒリ語で言いなさい．
   1. 午前 6 時 10 分
   2. 午前 10 時 15 分
   3. 午後 12 時 30 分
   4. 午後 1 時 40 分
   5. 午後 4 時 45 分
   6. 午後 8 時 55 分

2. 次のスワヒリ語を訳しなさい．
   1. Neno la "saa" lina maana tatu.
   2. Maana ya kwanza ni wakati maalum katika siku moja. Kwa mfano, "Sasa ni saa tatu usiku".
   3. Ya pili ni muda wa dakika sitini. Kwa mfano, "Safari yetu ya kwenda Moshi ilichukua muda wa saa kumi."
   4. Ya tatu ni kifaa cha kupimia wakati. Kuna aina mbalimbali za saa, kama saa ya mkononi, saa ya ukutani, saa ya mezani, na kadhalika.
   5. Kwa hivyo, kama mtu akisema "saa mbili", lazima tufikiri maana yake kwa makini.
   6. Kaka yako atakuja saa ngapi? Atakuja saa mbili usiku.
   7. Itachukua saa mbili kufika Arusha.
   8. Kaka yangu ana saa mbili. Moja alipewa na baba, na nyingine alijinunulia mwenyewe.
   9. Huamka saa ngapi? Husoma saa ngapi nyumbani? Una saa ngapi?

3. 次の文を使役形を用いてスワヒリ語で書きなさい．
   1. ネエマがよう子を朝の 7 時に起こした．
   2. あの少年は私たちをとても笑わせた．
   3. アイシャは彼女のお母さんをとても怒らせた．
   4. 子供たちがにわとり（kuku）を追いかけて，鶏小屋（kibanda cha kuku）に入れた．
   5. 店主が私たちのために値段（bei）を減らしてくれた．

コラム11 日本からきたダラダラ

　ダラダラの多くは日本で廃車になったミニバスである．幼稚園や自動車学校などのスクールバスが使われている．「〇〇幼稚園のバス乗った？」「昨日，△△スイミングスクールのに乗ったよ」とか言いながら日本人どうしで楽しんだものだ．自分の出身地のバスを見つけると今度は絶対あれに乗ってやろう！などと思う．そんなダラダラも，今では車体が路線別の色で塗られ，このような楽しみ方ができなくなってしまった．しかし車内を見ると，壁紙もデコレーションも日本語の注意書きも，日本にあったときのままの内装である．（どこかの幼稚園のスクールバスだったと思われる）クマちゃんやウサギさんの壁紙を背景にイカツイおじさんたちがひしめき合っているのはなかなか微笑ましい光景である．何とか神社のお守りシールの上からロザリオがかけられたりもしている．外れかけた扉の横に「自動ドア」と書いてあるのもいい感じ．日本語が読めるからこそ，というおもしろさもいろいろあるのだか，腹立たしいのは「冷房中」というシールである．もちろん冷房なんてないのだが，それだけでなく渋滞のときは名前のとおり「だらだら」と走るので窓からの風も止まってしまう．汗ぐっしょりのからだがすし詰め状態にされた車内は，むせ返るような汗臭さと蒸し暑さである．そんな中で「冷房中」を見ると思わず"Uongo!"と叫びたくなってしまう．　（米田 信子）

16 ザンジバルのダラダラはまだ日本の面影をとどめている！

15 大学のキャンパスで 1

Ndani ya chuo 1

Yoko: Kumbe, chuo kikuu hiki kina eneo kubwa! Kuna nafasi kubwa na majengo mengi.

Neema: Hata kuna benki na shule ya msingi huku. Halafu kuna mabweni ya wanafunzi, nyumba za walimu, na nyumba za wafanyakazi wanaofanya kazi mbalimbali chuoni. Kila kitu kinapatikana chuoni.

Yoko: Ninaona mabweni mengi. Wanafunzi wengi wanakaa mabwenini?

Neema: Ndiyo, wengi wanakaa mabwenini. Kwa kawaida wanafunzi wawili au watatu wanakaa katika chumba kimoja. Wengine wasiokaa mabwenini wanakodi vyumba karibu na chuo hata kama familia zao wakikaa mjini. Kwenu vipi? Wanafunzi wanakaa mabwenini?

Yoko: Ndiyo, chuo chetu pia kina mabweni, lakini siyo mengi. Wanafunzi wasiokaa na familia zao, wanakodi vyumba vyao nje ya chuo. Vyumba vingi vinapatikana karibu na chuo au mjini. Lakini kukodi chumba na kujitegemea ni gharama sana.

Neema: Hapa, wanafunzi wanapenda kukaa bwenini, kwa sababu inawawezesha kupata nafasi zaidi ya kusoma.

Yoko: Wanapika chakula wenyewe?

Neema: Hawaruhusiwi kupika chumbani. Wanakula mkahawani au wengine wananunua chakula kilichopikwa madukani.

15.1 関係節(1)：時制接辞の後ろに関係接辞をとる形式

たとえば「私が昨日読んだ本」という名詞句は，「私が昨日読んだ」という文が「本」という名詞を修飾する形になっている．名詞を修飾する文を「関係節」と呼ぶ．スワヒリ語では関係節は名詞の後ろにあらわれる．また，時や様態を表す副詞節として用いられる関係節もある．

スワヒリ語の関係節は必ず関係接辞をとる．関係接辞は修飾する名詞のクラスに呼応した形になるので，まず以下の表で，クラス別の関係接辞を覚えよう．関係接辞は指示詞〈その〉の形と関係がある．参考までに主語接辞と指示詞〈その〉の形もあげておく．

関係接辞の一覧表

クラス番号	語例（名詞）	主語接辞	指示詞〈その〉	関係接辞
1	mtoto	a-/ yu-	huyo	**ye**
2	watoto	wa-	hao	**o**
3	mlima	u-	huo	**o**
4	milima	i-	hiyo	**yo**
5	jicho	li-	hilo	**lo**
6	macho	ya-	hayo	**yo**
7	kisu	ki-	hicho	**cho**
8	visu	vi-	hivyo	**vyo**
9	nguo	i-	hiyo	**yo**
10	nguo	zi-	hizo	**zo**
11	uzi	u-	huo	**o**
15	kusafiri	ku-	huko	**ko**
16	mahali	pa-	hapo	**po**
17	mahali	ku-	huko	**ko**
18	mahali	m(u)-	humo	**mo**

関係節には大きく分けて，4つの形式がある．

① 時制接辞の後ろに関係接辞をとる形式
② 関係詞 amba- を用いる形式
③ 関係 Be 動詞 li を用いる形式
④ 動詞の後ろに関係接辞をとる形式

これらの形式について順次みていくが，この課ではまず①の形式についてみてみよう．

(1) 時制接辞の後ろに関係接辞をとる形式

|主語接辞| - |時制接辞| - |関係接辞| - (目的語接辞) - |動詞語幹|

たとえば，「私が昨日読んだ本」なら，次のような形になる．
kitabu ni-li-cho-ki-soma jana

修飾される名詞 kitabu〈本〉の後ろに関係節が続いている．時制接辞 li- の後ろに関係接辞 cho- が入っている．これは kitabu に呼応した7クラスの関係接辞である．その後ろに目的語接辞 ki- が入っている．これも kitabu に呼応している．修飾される名詞が関係節の動詞にとって目的語となる場合，目的語接辞が入るのが普通である．また，「ジュマが昨日読んだ本」のように，関係節の中に主語となる名詞があらわれる場合，下のように，動詞の後ろにおかなければならない．

  kitabu a-li-cho-ki-soma Juma jana
（× kitabu Juma a-li-cho-ki-soma jana）

この形式の関係節では時制接辞に制限がある．この関係節で用いられる時制接辞は，na-, li-, taka-/ta- のみである．未来時制の場合，ta- よりも本来の形であっただろうと考えられる taka- の方が一般に用いられる（これ以外の時制接辞を用いる場合は，関係詞 amba- を用いる関係節にする）．以下に例をみておこう（関係接辞の前後にハイフンをいれてある）．

〈1〉

wafanyakazi wana-o-fanya kazi mbalimbali
　　いろいろな仕事をする労働者たち
mtalii ana-ye-toka Ulaya / mtalii wana-ye-mkaribisha akina Neema
　　ヨーロッパからきた旅行者／ネエマたちがもてなす旅行者
msichana nili-ye-mpenda zamani / msichana ali-ye-nipenda zamani
　　昔，私が愛した女の子／昔，私を愛した女の子
gazeti ataka-lo-soma baba kesho
　　明日，お父さんが読む新聞
nchi wataka-zo-safiri wanafunzi wa mwaka wa pili mwaka kesho
　　来年，２年生の学生が旅行する国々
mahali wana-po-uza vitabu vya Kiswahili
　　スワヒリ語の本を売っている所
nguo nili-zo-zinunua wiki ili-yo-pita
　　先週，私が買った服
Ana-ye-kuja pasi na hodi, huondoka pasi na kuaga.
　　挨拶なく来た者は，挨拶なく去る。（諺）

17　ダルエスサラーム大学ムリマニ・キャンパス

15.2 関係節(2)：否定の接辞 si- をとる形式

15.1 節でみた形式の関係節には，対応する否定形がある．それは否定の接辞 si- を用いるもので，時制接辞が入る位置に si- を入れた形である．たとえば「私が昨日読まなかった本」なら，次のようになる．

kitabu ni-si-cho-ki-soma jana

この文は jana〈昨日〉という語があるので「過去」に解釈されるが，そのような語がなければ，否定形は時制においてあいまいである．つまり，上の文で jana がなければ，「私が読まなかった本 / 私が読んでいない本 / 私が読まない本」などの解釈が可能になる．肯定形の時は時制接辞に na-, li-, taka-/ta- の 3 つが可能なので，「現在」，「過去」，「未来」を区別できるが，否定形では時制において中立的になる．一般に否定形では「現在」や「未来」のことを表すことが多く，過去の否定は関係詞 amba- を用いる関係節で表わされることが多い．否定形の例を以下にみておこう（si- と関係接辞の前後にハイフンをいれてある）．

〈2〉
wanafunzi wa-si-o-kaa na familia zao
　　　　　家族と一緒に住んでいない学生
basi li-si-lo-kwenda Mwenge / basi wa-si-lo-panda akina Yoko
　　　　　ムウェンゲへ行かないバス / よう子たちが乗らないバス
kitabu ki-si-cho-faa / vitabu wa-si-vyo-penda walimu
　　　　　役に立たない本 / 先生たちが好まない本
mvulana a-si-ye-mpenda Yoko
　　　　　よう子が好きでない男の子　（2 通りの解釈が可能）
A-si-ye-funzwa na mamaye, hufunzwa na ulimwengu.
　　　　　母親から教えられなかった者は世間から教えられる．（諺）
A-si-ye-sikia la mkuu, huvunjika guu.
　　　　　年長者の言うことを聞かないものは足を折る．（諺）

練 習 問 題

1. 次の名詞句をスワヒリ語で書きなさい．
   1. よう子が登った山
   2. 私が買った5本のムシカキ（串焼き肉）
   3. 子どもが食べた3個のオレンジ
   4. 私たちが読んでいる本
   5. 女の子たちが着る服
   6. 明日学校に来る新しい先生
   7. 明日私たちがスワヒリ語を勉強する場所
   8. 学生たちが昼ご飯を食べている食堂（mkahawani）
   9. 先週，先月，去年

2. 次のスワヒリ語を訳しなさい．
   1. Vinyago wanavyochonga Wamakonde vinaitwa "Makonde"．
   2. Watalii wanaotoka Ulaya wanapenda kununua vinyago vinavyochongwa na Wamakonde.
   3. Ndege ile tunayoiona juu ni ndege inayoelekea Dar es Salaam.
   4. Chakula atakachonipikia Neema ni Pilau.
   5. Nitamfuata mwalimu mahali popote atakapokwenda.
   6. Mtoto yule hataki kula chakula kisichopikwa na mama yake.
   7. Duma wana ngozi zinazopendeza, ngozi zisizopendeza ni za fisi.
   8. Anayeonja asali, huchonga mzinga.（Methali）
   9. Asiyekujua, hakuthamini.（Methali）

3. 次の文をスワヒリ語で書きなさい．
   1. 寮に住んでいる学生は夜の9時まで図書館で勉強する．
   2. たばこを吸うのを許されている場所はここだけです．
   3. 来年タンザニアに行きたい人は何人いますか．
   4. 知らない人について行ってはいけませんよ．

16 大学のキャンパスで 2
Ndani ya chuo 2

Neema:	Kusema kweli, wanafunzi wengi wana majiko madogo na wanapika vyumbani.
Yoko:	Kwa hivyo wanakaa chuoni siku nzima, yaani hawatoki nje?
Neema:	Ndiyo, wanafunzi wanasoma usiku na mchana. Ratiba zao za madarasa zimejaa kuanzia saa mbili asubuhi mpaka saa mbili usiku. Hata usiku wanasoma madarasani au maktabani.
Yoko:	Kumbe! Nyinyi mnasoma kwa bidii mno! Sisi hatusomi sana kama nyinyi, wanafunzi wengi wanafanya kazi za vibarua baada ya madarasa. Kwa hivyo hawasomi sana nyumbani.
Neema:	Kweli? Sisi huku wanafunzi wanafanya majadiliano pia baada ya madarasa. Wanajadiliana juu ya kazi walizopewa. Saa za majadiliano ni muhimu sana na yanawasaidia kuelewa masomo yao vizuri zaidi.
Yoko:	Wanajitahidi sana. Lakini hawachoki?
Neema:	Wanachoka lakini ndiyo kazi yao. Wakati mwingine wanapata saa za kujiburudisha. Hasa mwanzo au mwisho wa muhula kuna karamu nyingi. Wanakunywa na kucheza muziki. Pia wakati wa likizo wanarudi nyumbani kwao mpaka chuo kifunguliwe tena.

16.1　動詞の派生形(4)：相互形

相互形の派生接辞は -an であり，基本的に「お互いに～する」という意味を表す．単音節動詞では -an の前に母音が加わることがある．

〈1〉

penda	愛する	>	pend-an-a	愛し合う
chukia	憎む	>	chuki-an-a	憎み合う
saidia	助ける	>	saidi-an-a	助け合う
ua	殺す	>	u-an-a	殺し合う
la	食う	>	l-an-a	食い合う
pa	与える	>	p-ean-a	与え合う

また借用語の場合は後ろに -ana をつける．u で終わっている場合は u を i に変えてつける．適用形接辞など他の接辞の後ろにつく場合もある．

〈2〉

samehe	赦す	>	samehe-ana	赦し合う
jadili	議論する	>	jadili-ana	議論し合う
jibu	答える	>	jibi-ana	答え合う
（例外）sahau	忘れる	>	sahau-liana	お互いに忘れる
andik-i-a	～に書く	>	andik-i-an-a	書き合う（文通する）
end-e-a	～に行く	>	end-e-an-a	行き合う（訪ね合う）
som-esh-a	教える	>	som-esh-an-a	教え合う

相互形の場合も動詞によっては特別な意味になるものがあり，そのような語は派生形というより語彙的なものとして別に覚えておく方がいいだろう．また名詞から動詞に派生する例もある．下の例でそれぞれの意味を確かめておこう．

〈3〉

piga	殴る	>	pig-an-a	殴り合う，闘う
kuta	出くわす	>	kut-an-a	会う

shinda	勝つ，勝る	>	shind-an-a	競い合う，争う
fuata	ついて行く	>	fuat-an-a	一緒に行く
pata	手に入れる	>	pat-an-a	折り合いがつく
tofauti	違い	>	tofauti-ana	違っている

18 キャンパスで談笑する学生たち

16.2 動詞の派生形(5)：反転形

「反転形」というのは反対の動作を意味するが，〈閉める〉に対して〈開ける〉，〈栓をする〉対して〈栓を抜く〉のように，何かまとまっているものを開放するというようなイメージの動作をあらわす．どのような動詞でも派生させて反転形にできるのではなく，反転形は語彙的に決まっている．つまり，その形，意味ともに，それぞれの反転形を独立した語彙として覚えておくのがいいだろう．

反転形の派生接辞は，基本的に -u であるが，語根の母音が o の時だけ -o になる．また，反転形の派生接辞が他の音と交替する例もある．

〈4〉

funga	閉める	>	fung-u-a	開ける
ziba	栓をする	>	zib-u-a	栓を抜く
fuma	編む	>	fum-u-a	ほどく
ficha	隠す	>	fich-u-a	あばく
zika	埋める	>	zik-u-a	掘り起こす
panga	並べる	>	pang-u-a	ばらばらにする
choma	刺す	>	chom-o-a	引き抜く

〈5〉 他の音と交替する例

fukia	穴を埋める	>	fuk-u-a	掘る
pakia	荷を積む	>	pak-u-a	荷を降ろす
bandika	貼る	>	band-u-a	はがす
funika	包む，覆う	>	fun-u-a	開ける，広げる
ezeka	屋根を葺く	>	ez-u-a	屋根をはがす
vaa	着る	>	v-u-a	脱ぐ

練習問題

1. 次のスワヒリ語を訳しなさい.
    1. Tom na Jerry wanakimbizana.
    2. Sungura na kobe wanashindana kukimbia.
    3. Katika nchi hiyo kuna mfalme na malkia wanaopendana sana.
    4. Changa na Satu walioana baada ya muda mfupi.
    5. Wazee waliendelea kujadiliana juu ya mti uliozungumza.
    6. Waafrika wengi walipigania uhuru wakati wa ukoloni.
    7. Nyani anatofautiana na tumbili. Kuna tofauti gani kati ya nyani na tumbili?
    8. Neema aliwafungulia mlango wageni.
    9. Juma anavaa sare kwenda shuleni, akifika nyumbani anazivua.
    10. Mama alimfunika mtoto kwa blanketi.
    11. Tuliambiwa kufanya kazi ya kufukia mashimo barabarani.
    12. Nesi alinichoma sindano ya kutibu malaria.
    13. Nilimwomba mama anichomoe mwiba mguuni.
    14. Kuambiana kupo, kusikilizana hapana.（Methali）
    15. Ndugu wakigombana, chukua jembe ukalime, wakipatana chukua kapu ukavune.（Methali）

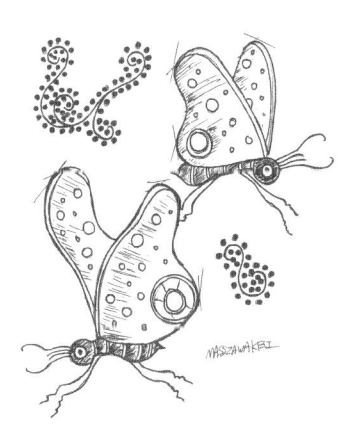

コラム12 キャンパスライフ

　ダルエスサラーム大学はタンザニア唯一の国立総合大学である．通称 Mlimani Campus としても知られるように，ダルエスサラームを一望できる丘の上にあり，そこからはインド洋を眺めることもできる．構内の敷地は広大で，その中に学生寮やスタッフ宿舎を始め，銀行，警察，診療所，レストラン，美容室などが揃い，大学でありながら1つの町ともいえる．ダル大のスワヒリ語学科に1年間留学した時の経験から，大学の授業の様子を紹介しよう．

　まず，新学期になって，一番の大仕事は時間割りの設定である．大学側から出される時間割はあってないようなもの．というのも，学生がなるべく多くの授業，単位を取ろうとするため，大学が出す時間割りどおりでは履修ができないためである．私が在学した際の時間割りの決定は，なんと挙手方式であった．どのコマなら空いているか，科目ごとにそんな決定がなされる．それでも，履修したい授業が他の授業と重なる場合，一コマに二つの授業を履修して半分ずつ出席するという学生もいた．そういうわけで，もともと8時から19時まで詰まっている時間割が，コマ数が増えて7時から20時までとなることもしばしばである．学生たちはさらに授業の後に夜の教室に戻り，ディスカッションというグループ学習や自主学習を行う．日本の学生のように，学校の後にアルバイトなんていう余裕はどこにもない．

　さて，大学における教授用言語はというと，スワヒリ語学科を除き，英語である（スワヒリ語学科では全科目でスワヒリ語が用いられる）．しかし，実際の授業では英語一辺倒ではない．たとえば，英語で授業をしていた教師がスワヒリ語にスウィッチしていたりなんてこともよくある．アフリカ文学の授業を履修していたアメリカ人の友人が授業に遅刻し，満席の教室の外から授業を聞いていた日のこと（椅子が足りずに窓の外から授業を受ける学生もいる）．気づいてみると，普段は英語でなされる授業が最後までスワヒリ語でなされていて，さらに普段と違って大変盛り上がっていたという．そして，彼女が出席していない時は，スワヒリ語で授業がなされることが多かったと知ったと話してくれた．

　同じようなことは，ウガンダからの留学生も経験するようだ．ウガンダでのスワヒリ語の通用度は，地域により差があり，タンザニアに来てからスワヒリ語を習得するという留学生が多い．ウガンダ人の友人が，教師がスワヒリ語にスウィッチしたまま授業を進め困ってしまったと話していたことがあった．止むを得ず，教師に英語で話してくれと伝えると，「ああ，ついつい」といった感じで英語にスウィッチするのだが，いつの間にかまたスワヒリ語に戻っている，なんてこともあったとか．また，時には，教室中が大盛り上がりの中，スワヒリ語で行われる機知に富んだ話やジョークについていけずにいると，「おや，シーンとしている学生がいるね．Aa,kuna Waganda darasani humu.」なんて言われたこともあったらしい．そんなウガンダ人たちも2年目になる頃にはスワヒリ語がわかるようになる．

　教授用言語は英語であるが，教室の外では教師をはじめ，ほとんどの人との会話はスワヒリ語でなされ，学生達のディスカッション，自主学習ももっぱらスワヒリ語で行われる．教室の内と外での言語の使い分けははっきりとしている．キャンパスライフを楽しむには，スワヒリ語が必須の道具となることもいうまでもない．（宮崎　久美子）

17 TUKIのブックショップで 1

Duka la vitabu, TUKI 1

Yoko: Kule ninaona ubao ambao una maandishi "Taasisi ya Uchunguzi wa Kiswahili".

Neema: Ndiyo. Jengo lililopo kule ni jengo la Taasisi ya Uchunguzi wa Kiswahili. Kuna mahali panapouzwa vitabu vya Kiswahili pale.

Yoko: Ninataka kwenda kuangalia hivyo vitabu.

Neema: Sawa, twende. Huku wanauza vitabu vinavyochapishwa na TUKI. Vitabu vyovyote ambavyo TUKI imetunga na kuchapisha vinapatikana hapa.

Yoko: Kumbe, kitabu kile kilichopo juu ni kamusi ya Kiswahili ambayo nilikuwa ninataka kuipata kwa muda mrefu! Nimefurahi sana!

Neema: Una bahati nzuri. Unaweza kuinunua hapa.

Yoko: Ndiyo. Nitawanunulia rafiki zangu pia.

Neema: Vizuri. Watakushukuru bila shaka!

17.1 関係節(3)：関係詞 amba- を用いる形式

スワヒリ語の関係節は，便宜的に分けて4つの形式があるが，ここでは2つ目の形式，関係詞 amba- を用いるものをみていこう．関係詞 amba- は関係接辞をとり，後ろに普通の文が続く．

(1) 関係詞 amba- を用いる形式

　　＜修飾される名詞句＞　　　amba-|関係接辞|　　＜文＞

たとえば，「私が昨日読んだ本」なら，次のような形になる．
kitabu　amba-cho　nilikisoma jana

関係詞 amba- は修飾される名詞 kitabu〈本〉に呼応した7クラスの関係接辞をとっている．そして関係詞の後ろに文が続いている．ここにはどのような時制の文でも，肯定文でも否定文でもくることができるので，この形式は最も多様な関係節を作ることができる．15.1 節でみた形式では時制接辞に制限があったが，この形式にはそのような制限が一切ないということである．例をみておこう．

〈1〉
ubao ambao una maandishi "Taasisi ya Uchunguzi wa Kiswahili."
　　　「スワヒリ語研究所」と書かれた看板
vitabu ambavyo TUKI hawajachapisha bado
　　　TUKI がまだ出版していない本
kamusi ambayo nilikuwa ninataka kuipata kwa muda mrefu
　　　私が長い間欲しいと思っていた辞書
chakula ambacho Neema hakupika jana
　　　ネエマが昨日料理しなかった食べ物

また，英語の関係節で言えば，関係詞 whose を用いるような関係節もこの形式で表わされる．スワヒリ語では amba- 関係詞の後ろに所有物＋所有詞が続く形になる．

〈2〉
kitanda ambacho godoro lake ni jipya
　　　マットレスが新しいベッド
mzee ambaye watoto wake wote wako Dar es Salaam
　　　子供がみんなダルエスサラームにいる老人
chumba ambacho ndani yake kuna meza tatu
　　　中にテーブルが3つある部屋
mnyama ambaye shingo yake ni ndefu
　　　首が長い動物

17.2 関係節(4)：関係 Be 動詞 li を用いる形式（存在文）

関係節の 3 つ目の形式は，関係 Be 動詞と呼ばれるものを用いる形式である．関係 Be 動詞は li という形である．これは，他のバントゥ諸語では一般の Be 動詞として用いられている li と同じ形であることからも，スワヒリ語でも，もともと一般の Be 動詞として用いられていたものが，関係節だけに用いられるようになったものだと考えられる．

関係 Be 動詞は，存在文や所有文，コピュラ文など，「動詞を用いない文」を関係節にする時に用いられる．

(1) 関係 Be 動詞 li を用いる形式　＜存在文＞

|主語接辞|-|li|-|関係接辞|-(存在辞)

存在文の場合は，存在辞 -po, -ko, -mo が後ろにつくこともあるが，省略されることも多い．たとえば「あそこにある本」なら，次のような形になる．どちらの形も覚えておこう．

　　kitabu　ki-li-cho-ko　kule
　　kitabu　ki-li-cho　kule

また，否定は li を si に変えて作ることができる．たとえば「棚の中にない本」なら，次のようになる．

　　kitabu　ki-si-cho-mo　ndani ya rafu
　　kitabu　ki-si-cho　ndani ya rafu

ただし，否定の場合，本来の Be 動詞である wa を用いた形も用いられる．これは 15.2 節でみた否定の形と同じである．つまり，時制接辞の後ろに関係接辞をとる形式の否定と同じ形である．よって，上にみた「棚の中にない本」は下のようにも言うことができる．

　　kitabu　ki-si-cho-kuwa-mo　ndani ya rafu
　　kitabu　ki-si-cho-kuwa　ndani ya rafu

存在文が関係節になっている例を以下にみておこう.

〈3〉
jiji lililopo katikati ya Kenya	ケニアの真ん中にある大都市
majengo yaliyopo kule	あそこにある建物（複数）
yaliyomo	目次（< mambo yaliyomo ndani）
wanyama wasioko porini	サバンナにいない動物
wanyama wasiokuwa porini	サバンナにいない動物
mahali wasipokuwa wanyama	動物がいない場所

Aliye kando haangukiwi na mti.（Methali）
　　　　端っこにいる人は木が倒れてこない.（諺）
Asiyekuwapo machoni, na moyoni hayupo.（Methali）
　　　　目の中にいない人は，心の中にもいない.（去る者は日々に疎し）

19 TUKI の入口

練　習　問　題

1. 次の名詞句を関係詞 amba- を用いて書きなさい．
    1. よう子がネエマと登った山
    2. 私たちがたった今（sasa hivi）飲み終えたチャイ
    3. まだ焼かれていないムシカキ（串焼き肉）
    4. 私が昨日読まなかった本
    5. 毎日一生懸命に（kwa bidii）スワヒリ語を勉強する学生たち
    6. 学生たちが毎日，昼ご飯を食べる食堂（mkahawani）
    7. 両親（wazazi）が先生である人
    8. 葉っぱが赤い木
    9. 窓（madirisha）が大きい家
    10. 毛皮がすばらしい動物

2. 次の名詞句を関係 Be 動詞と存在辞を用いて書きなさい．
    1. 大阪にある大学
    2. 家の中にある物
    3. 部屋の中にない物
    4. 木の上にいる鳥
    5. 木の上にいない鳥
    6. 教室にいる学生たち
    7. 教室にいない学生たち
    8. タンザニアの東（mashariki mwa Tanzania）にある大都市（jiji）

3. 次のスワヒリ語を訳しなさい．
    1. Nimemkuta mvulana mmoja ambaye meno yake ni meupe na yenye mwanya.
    2. Mahali ambapo watalii wanapenda kutembelea ni Serengeti iliyoko magharibi ya Arusha.
    3. Mnyama aliyeko kule ni tembo. Tembo ni mnyama ambaye mkonga wake mrefu. Pembe mbili zilizoko mdomoni zinaitwa vipusa.

18 TUKIのブックショップで2
Duka la vitabu, TUKI 2

Yoko:	Halafu vitabu vile vilivyomo ndani ya rafu ni vitabu vya "Historia Kuu ya Afrika". Vile ni tafsiri ya vitabu vya Kiingereza vilivyotolewa na UNESCO.
Neema:	Naona kuna majuzuu saba. Kuna majuzuu mangapi kwa jumla?
Yoko:	Kuna manane kwa jumla. Nafikiri juzuu la nane halimo humu. Nitamwuliza karani yule kama linapatikana au la.
Neema:	Kitabu alicho nacho mkononi ni juzuu la nane, sivyo?
Yoko:	Naona hivyo. Lakini haidhuru. Nitanunua juzuu la sita kwanza.
Neema:	Hebu, nione. Hmm... imeandikwa kwamba juzuu la sita ni juzuu lijadililo historia ya Afrika kuanzia mwanzoni mwa karne ya kumi na tisa hadi kuanza kwa 'ugombeaji' wa makoloni kwenye miaka ya 1880.
Yoko:	Nimevutiwa na historia ya Afrika, hasa wakati ambapo hawajatamalakiwa na Wazungu.
Neema:	Utawala wa kikoloni ulituletea mabadiliko makubwa kwenye utamaduni na maisha ya watu wa Afrika.

18.1 関係節(5)：動詞の後ろに関係接辞をとる形式

関係節の4つ目の形式は，動詞の後ろに関係接辞をとる形式である．これは，時制接辞がないのが特徴的で，一般的な事実や習慣的な事柄を表す．

(1) 動詞の後ろに関係接辞をとる形式

|主語接辞|-(目的語接辞)-|動詞語幹|-|関係接辞|

たとえば，「学生たちが読む本」なら，次のような形になる．
kitabu wa-ki-soma-cho wanafunzi

修飾される名詞 kitabu〈本〉に呼応した7クラスの関係接辞が動詞の一番後ろにきているのがわかる．修飾される名詞が関係節の動詞にとって目的語となる場合，目的語接辞が入るのが普通であり，〈本〉の目的語接辞 ki- が入っている．この形式で，ja〈来る〉という動詞を用いて，〈来週〉，〈来月〉，〈来年〉などがあらわされる．

wiki i-ja-yo   来週
mwezi u-ja-o   来月
mwaka u-ja-o   来年

この形式の否定は，15.2節でみた否定の形と同じになる．つまり，動詞の前にsi- と関係接辞がくる形である．ゆえに，「学生たちが読まない本」なら，次のようになる．
kitabu wa-si-cho-ki-soma wanafunzi

この形式の例文を他にもみておこう．

〈1〉
mwanafunzi a-enda-ye Tanzania mwaka huu
　　今年タンザニアに行く学生

mwanafunzi a-si-ye-kwenda Tanzania mwaka huu
　　　今年タンザニアに行かない学生
juzuu li-jadili-lo historia ya Afrika Mashariki
　　　東アフリカの歴史を議論する巻
Mahali popote a-enda-po mwalimu, nitamfuata.
　　　先生が行くどんなところでも私はついて行く．
（Ngoma）i-vuma-yo haidumu.（Methali）
　　　唸るもの（太鼓）は長続きしない．（諺）
Ki-ku-la-cho ki nguoni mwako.（Methali）
　　　あなたを喰うものはあなたの懐の中にいる．（諺）
Yote ya-ng'aa-yo usidhani ni dhahabu.（Methali）
　　　光る物すべてが黄金と思うな．（諺）
Li-andikwa-lo ndilo li-wa-lo.（Methali）
　　　（神によって）書かれたことがそのとおりになる．（諺）
Fimbo iliyo mkononi, ndiyo i-ua-yo nyoka.（Methali）
　　　手の中にある棒こそが蛇を殺す（棒だ）．（諺）

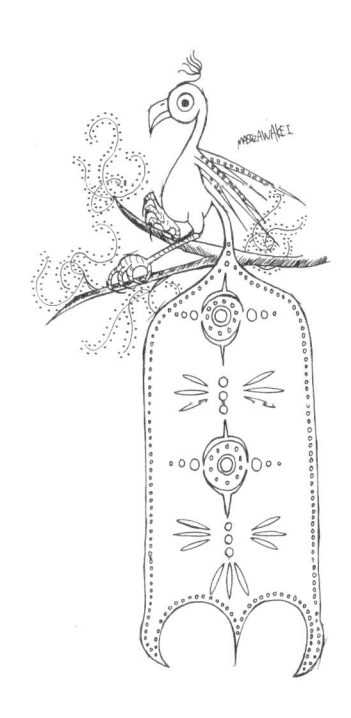

18.2 関係節(6)：関係 Be 動詞 li を用いる形式（所有文）

関係 Be 動詞を用いる形式は，存在文や所有文，コピュラ文など，「動詞を用いない文」を関係節にする時に用いられるが，ここでは所有文の例をみていこう．所有文が関係節になる場合，修飾される名詞，つまり先行詞が所有者か所有物かによって，関係接辞の現れ方に違いがある．所有物の場合，所有を表す na にも関係接辞がつく．

(1) 関係 Be 動詞 li を用いる形式　＜所有文＞

<所有者>　　主語接辞 - li - 関係接辞　　na
<所有物>　　主語接辞 - li - 関係接辞　　na - 関係接辞

たとえば，「学生が本を持っている」という普通の所有文を例にみてみよう．
Mwanafunzi ana kitabu.

この所有文から，所有者を先行詞にした関係節をつくると次のようになる．
mwanafunzi a-li-ye na kitabu　　本を持っている学生

一方，所有物を先行詞にした関係節をつくると次のようになる．
kitabu a-li-cho na-cho mwanafunzi　　学生が持っている本

それぞれ，先行詞の名詞クラスに呼応した関係接辞 -ye と -cho をとっているが，〈本〉が先行詞の文では，na にも関係接辞 -cho がついていることがわかる．所有文の関係節では，所有物が先行詞である方がややこしいので，よく覚えておこう．

否定はどちらの関係節でも，li を si に変えて作る．また，本来の Be 動詞である wa を用いた形も用いられる．

〈2〉
mwanafunzi a-si-ye na kitabu　　　　本を持っていない学生
mwanafunzi a-si-ye-kuwa na kitabu　　〃
kitabu a-si-cho na-cho mwanafunzi　　学生が持っていない本

kitabu a-si-cho-kuwa na-cho mwanafunzi 〃

所有文が関係節になっている例を以下にみておこう．

〈3〉
jengo lililo na milango mitatu	ドアが3つある建物
jengo lisilo（kuwa）na mlango	ドアがない建物
mtoto aliye na mkoba	カバンを持っている子供
mtoto asiye（kuwa）na mkoba	カバンを持っていない子供
mkoba alio nao Yoko	よう子が持っているカバン
mkoba asio（kuwa）nao Yoko	よう子が持っていないカバン

Gari alilo nalo baba yangu limeletwa kutoka Japani.
　　私の父が持っている車は日本から運ばれて来た．
Asiye na mengi, ana machache.（Methali）
　　たくさんの問題を持っていない人でも少しは問題を持っている．（諺）

20　スワヒリ語小説（コラム13参照）

練習問題

1. 次の名詞句を動詞の後ろに関係接辞をとる関係節を用いて書きなさい．
   1. 午前10時に出発するバス
   2. スワヒリ語を教える先生たち
   3. 私たちが行く所
   4. たくさんのお土産を買う旅行者たち
   5. よう子が買うお土産
   6. 子供たちが食べる食べ物
   7. 夕方の5時に閉まる店
   8. ムエンゲへ行くバス
   9. 女の子が着る制服（sare）
   10. こんどの木曜日

2. 次の名詞句を関係Be動詞を用いて書きなさい．
   1. お兄さんが3人いるジュマ
   2. 足が8本ある虫（mdudu）
   3. 窓（madirisha）が2つある部屋
   4. 両親（wazazi）がいない子供たち
   5. 目がない魚
   6. 柄（mpini）のないくわ（jembe）
   7. ネエマが持っている6枚のカンガ（kanga）
   8. 少年が持っているボール（mpira）

3. 次のスワヒリ語を訳しなさい．
   1. Wazazi wasiokuwa na pesa za kutosha hawawezi kuwasomesha watoto vizuri.
   2. Mgonjwa aliye na homa digrii thelathini na nane nukta tano bora aende hospitali.
   3. Kuna wanyama wakali kama simba wawindao wanyama wanaokula mimea.

コラム 13

スワヒリ語小説

　スワヒリ語小説を読んでみよう．読めばスワヒリ語の表現力の豊かさに感激し，スワヒリ語がますます好きになるはず．

　スワヒリ語小説って，どんなかんじ？　一言では言えない．重苦しくまじめな社会派ものから，スリル満点の恋愛ものや謎解きものだってある．

　スワヒリ語小説初心者なら，まずはアダム・シャフィ（Adam Shafi, 1940-）がオススメ．これまでに，『領主フアドの豪邸』（Kasri ya Mwinyi Fuad, 1978），『クーリー』（Kuli, 1979），『鬩ぎ合い』（Vutan'kuvute, 1999），『反逆者』（Haini, 2003）の4作品が発表されている．元々ジャーナリストでもある彼の書く文章は，とても読みやすく，内容もわかりやすい．作品はいずれもザンジバルが舞台．『領主フアドの豪邸』では1964年のザンジバル革命が，『クーリー』では1948年のゼネラルストライキが，背景に描かれている．

　少し慣れたら，チャチャゲ・S・L・チャチャゲ（Chachage S. L. Chachage, 1955-2006）を読んでみよう．『ヨハナの命運』（Sudi ya Yohana, 1981），『影』（Kivuli, 1984），『偽ダイヤ』（Almasi za Bandia, 1991），『自由市場のペテン師』（Makuadi wa Soko Huria, 2002）の4作品がある．社会学者という彼の本業柄か，物事の表と裏の描かれ方が，すごい．罪とは？　真の悪とは？　いずれの作品もフラッシュバックを多く交えながら，坦々と核心に迫ってゆく．

　自信がついたら，サイド・アフメド・モハメド（Said Ahmed Mohamed, 1947-）に挑戦しよう．『苦い蜜』（Asali Chungu, 1978），『離散』（Utengano, 1980），『この世は枯れた木のごとし』（Dunia Mti Mkavu, 1980）他，数多くの作品がこれまでに発表されている．短編小説や戯曲も多い．最も精力的に執筆活動を行っているスワヒリ語作家である．彼のスワヒリ語はなんといっても難解．しかしそれは，彼のスワヒリ語へのただならぬ愛情がゆえ．スワヒリ語の奥深さを，彼は証明してみせる．2度，3度読み直して，やっと見えてくる作品の底にあるのは，政治への批判，慣習への疑問，社会の矛盾に対する反発など．読み応え，ありすぎ．

　スワヒリ語小説を読んでみよう．文学は社会を映す鏡．いろんなものが見えてくるはず．いろんなことが考えたくなるはず．　（荒瀬 早幸）

19 ダルエスサラーム探訪 1
Matembezi mjini Dar es Salaam 1

Yoko: Maana ya 'Dar es Salaam' ni nini?

Neema: Ina maana 'nyumba ya salama' au 'bandari ya salama'. Ni neno la Kiarabu na jina hili lilitolewa na sultani ambaye alitawala Zanzibar. Dar es Salaam ni mji wa kisasa, lakini pia kuna majengo mengi ambayo yanatuonesha historia yake ya zamani.

Yoko: Naona meli nyingi bandarini.

Neema: Ni kweli, tunaona vyombo mbalimbali. Kuna madau, majahazi na mashua.

Yoko: Zinakwenda wapi?

Neema: Zile zinasafirisha watu ambao wanakwenda Zanzibar. Hata kwa madau wanasafiri mpaka Zanzibar. Haya tumefika soko la samaki liitwalo Kivukoni.

Yoko: Lo! Kuna samaki wengi wa aina mbalimbali. Halafu pamejaa watu.

Neema: Unajua soko hili lilijengwa kwa msaada wa serikali ya Japani? Ni mradi mmojawapo wa miradi ambayo nchi yenu ilituletea. Soko lenyewe limegawika sehemu kadhaa. Ziko sehemu za kusafisha na kukata samaki. Sehemu nyingine wanauza. Pia ziko sehemu ambapo wanapatikana samaki waliokaangwa.

19.1 動詞の派生形(6)：状態形

　状態形の派生接辞は，子音語根の場合は -ik/-ek であるが，母音語根の場合は，-lik/-lek のときと，-k のときがある．下の語例で確認しておこう．

　状態形というのは，〈壊す〉に対して〈壊れる〉，〈落とす〉対して〈落ちる〉のように，動作の結果の状態を表したり，〈食べる〉に対して〈食べられる〉，〈住む〉に対して〈住める〉のように，可能の意味を表したりする．ただし，可能の意味というのは，人の能力を表すのではなく，物がそのように使用できるかどうかという可能性をさす．たとえば，物が食べられるかどうか，筆跡が読めるかどうか，などである．統語的には，もともと他動詞だったものを自動詞にするはたらきがあるといえる．

〈1〉　子音語根に -ik/-ek がつく例

vunja	壊す	>	vunj-ik-a	壊れる
fanya	する	>	fany-ik-a	された，できる
andika	書く	>	andik-ik-a	書ける
gawa	分ける	>	gaw-ik-a	分かれている
la	食べる	>	l-ik-a	食べられる
ja	来る	>	j-ik-a	来れる
soma	読む	>	som-ek-a	読める
enda	行く	>	end-ek-a	行ける
nywa	飲む	>	nyw-ek-a	飲める

〈2〉　母音語根に -lik/-lek がつく例

kaa	住む，座る	>	ka-lik-a	住める，座れる
vaa	着る	>	va-lik-a	着れる
sogea	寄る，詰める	>	soge-lek-a	寄れる，詰めれる
oa	結婚する	>	o-lek-a	結婚できる

〈3〉　母音語根に -k がつく例

ogelea	泳ぐ	>	ogele-k-a	泳げる
angua	落とす，倒す	>	angu-k-a	落ちる，倒れる
ondoa	片付ける，除く	>	ondo-k-a	去る，出発する
fungua	開ける	>	fungu-k-a	あく

〈4〉 借用語の動詞は,後ろに -ka がつく.u で終わっている場合は u を i に変える.

samehe	赦す	>	samehe-ka	赦せる
jadili	議論する	>	jadili-ka	議論できる
rudi	戻る	>	rudi-ka	戻れる
ruhusu	許す	>	ruhusi-ka	許せる
jibu	答える	>	jibi-ka	答えられる
haribu	だめにする	>	haribi-ka	だめになる
(例外) sahau	忘れる	>	sahau-lika	忘れられる

状態形を用いた文の例をみてみよう.

〈5〉

Kikombe kimevunjika. コップが割れた.
　　cf: Mtoto amevunja kikombe. 子供がコップを割った.
Kanga zangu zimepasuka. 私のカンガは破れている.
　　cf: Mama amepasua kanga. お母さんがカンガを破った.
Soko limegawika sehemu tatu. 市場は3つの部分に分かれている.
　　cf: Baba aligawa shamba kwa watoto wake. お父さんが子供たちに畑を分けた.
Viazi hivi haviliki. この芋は食べられない.
Herufi zake hazisomeki. 彼の字は読めない.
Maji yakimwagika hayazoleki.（Methali）
　　　　　　　　　　　　水がこぼれたら,集められない.（諺）
Mpanda farasi wawili, hupasuka msamba.（Methali）
　　　　　　　　　　　　二頭の馬に乗る者は股が裂ける.（諺）

19.2　動詞の派生形(7)：可能形

　可能形の派生接辞は -ikan/-ekan という形であるが，これは状態形と相互形の接辞が合成した形である．しかし，意味は合成したものになるのではなく，状態形と同じような可能の意味や，受け身的な意味を表す．この接辞をとる動詞は数が少なく，慣用的に決まっているので，下の語例で確認しておこう．

〈6〉

pata	得る	>	pat-ikan-a	得られる
ona	見る	>	on-ekan-a	見える
sema	言う	>	sem-ekan-a	言える
weza	できる	>	wez-ekan-a	あり得る
jua	知る	>	ju-likan-a	知られている

可能形を用いた文の例をみてみよう．

〈7〉
Samaki wa aina mbalimbali wanapatikana Kivukoni.
　　　キブコニではさまざまな種類の魚が手に入る．
Hifadhi ya Taifa ya Serengeti inajulikana duniani kote.
　　　セレンゲティ国立公園は世界中で知られている．
Chui wanaopanda miti hawaonekani leo.
　　　今日は木に登るヒョウは見られない．

練 習 問 題

1. 次のスワヒリ語を訳しなさい．
   1. Mara walionekana watu wawili wakikimbia.
   2. Wanafunzi wengi walimfahamu fisi ambaye huonekana hata vijijini.
   3. Hakuna lisilowezekana humu duniani.
   4. Nyumba hii inakalika, lakini madirisha hayafungiki.
   5. Washonaji walijaribu kupasua nguo hizo, lakini hazikupasuka.
   6. Inawezekana kwamba mchawi alimgeuza mvulana huyo mti kwa madawa yake.

21 キブコニの魚市場

22 魚市場の中の揚げ魚売り場

コラム **14**

タンザニア若者ことば3 — ボンゴ・フレーバ

　ボンゴ・フレーバ Bongo Flava（Bongo Fleva とつづられることもある）といえば，タンザニア発のスワヒリ語ヒップホップ・ミュージックのことだ．今では，東アフリカだけでなく，欧米の一部のコミュニティーにも認められる一大音楽ジャンルに成長している．

　Bongo は ubongo「脳」の複数形だが，大都市ダルエスサラームの別名でもある．ダルエスサラームでは，頭（脳）を使わなければ生きていけない，ということらしい．ある人気ラジオ DJ がダルエスサラーム発のスワヒリ語ヒップホップに「ボンゴ・フレーバー」と名付けたのが始まりだが，その名称は独り歩きして，今では歌詞がスワヒリ語ならボンゴ・フレーバーという人もいる．

　ボンゴ・フレーバーの担い手は，流行の最先端を行く若者たちだ．人気歌手は「スーパースター」supasutaa と呼ばれ，テレビ，ラジオ，タブロイド紙を賑わす．売れるか否かは，敏腕プロデューサーの目にとまるか否かでも決まる．最近は，期待の新人の曲にスーパースターをフィーチャリングして大々的に売り出し，グループがマンネリ化する前にメンバーの入れ替えをするなど，営利主義のプロデューサーが腕をふるう．

　ボンゴ・フレーバーで歌われる言葉は，もちろん最先端の表現で溢れている．Gangwe Mobb というラッパーグループ（2004 年から活動休止）の楽曲には，ダルエスサラームの貧困街テメケ地区の方言がちりばめられている．彼らの新曲がリリースされるたびに新語が生まれることから，Gangwe Mobb はストリート・スラングメイトと呼ばれる．

　こうして日々，新しいボンゴ・フレーバーの歌が生まれ，人々は音楽に合わせてそのことばを口ずさむようになる．ストリートのことばは，やがて普通のことばとなっていく．（阿部 優子）

2004 年ドイツの会社からリリースされた「ボンゴ・フレーバ」のオムニバス CD

20 ダルエスサラーム探訪 2
Matembezi mjini Dar es Salaam 2

Yoko: Sisi Wajapani tunapenda sana kula samaki. Na samaki wa aina nyingi wanapatikana kwa sababu Japani ni nchi ambayo imezingirwa na bahari. Hebu, samaki huyu anaonekana kama samaki aitwaye 'Tai' kwa Kijapani.

Neema: Huyu anaitwa 'Changu'. Ni samaki mzuri sana.

Yoko: Kuna masoko mengine mjini?

Neema: Ndiyo, kuna soko maarufu liitwalo Kariakoo. Ukienda Kariakoo unaweza kupata kila kitu. Watu wengi wanakwenda kununua mahitaji yao Kariakoo. Kuna maduka mengi na vibanda vingi.

Yoko: Wanauza vitu barabarani?

Neema: Ndiyo, wamachinga pia wapo wengi. Pia kuna jengo ambalo lina ghorofa mbili. Ukiingia ndani kuna giza kidogo na utashangaa kuziona bidhaa nyingi ambazo zimepangwa juu sana. Wanauza mboga, mchele, viungo na vitu vingine vingi.

Yoko: Ningefurahi kwenda huko!

Neema: Aa, tungekuwa na nafasi, tungeweza kwenda leo.

Yoko: Utanipeleka kesho?

Neema: Sawa. Twende kesho. Lakini lazima tuwe na hadhari. Siku hizi kuna wezi wengi huko. Tusipokuwa na hadhari, tutaibiwa!

20.1 「仮想」を表す文（時制接辞 nge-, ngali-）

「仮想」を表す文は，時制接辞に nge-, ngali- を用いる．この接辞を用いる文は，実際にはあり得ないことや，起こりそうもないこと，あるいは過去の出来事と逆のことをを仮定して言う表現で，「仮定」と区別して「仮想」という用語を用いる．

nge- は，現在の状況であり得ないことを仮想して言う場合に用いる．たとえば，遅刻しそうな時に，「車があったら間に合うのに」というような例や，貧しい青年が「お金があったら彼女と結婚できるのに」というような例である．

ngali-（または ngeli- ともいう）は，過去の状況では起こらなかったことや，まったく不可能なことを仮想して言う場合に用いる．たとえば，昨日は勉強しなかった時，「今日テストがあると知っていたら，昨日は勉強したのに」というような例や，「私が鳥だったら，飛んでいけるのに」などという例である．しかし，これらの場合にも nge- を用いることは可能であり，この点で nge- と ngali- の区別は厳密ではなく，nge- の使用範囲は広い．これらの接辞は，仮想を表す節と帰結の節の両方において用いられる．

〈1〉
Tu-nge-kuwa na gari, tu-nge-wahi mkutano.
　　　車があれば，会合に間に合うのに．
Ni-nge-kuwa na pesa nyingi, ni-nge-mwoa Yoko.
　　　お金がたくさんあれば，よう子と結婚できるのになぁ．
Wa-nge-zungumza na yeye, wa-nge-kasirika sana.
　　　彼らが彼と話していたら，ひどく怒っていただろう．
Ni-ngali-jua kuna mtihani leo, ni-ngali-soma kwa bidii jana.
　　　今日テストがあると知っていたら，昨日一生懸命に勉強したのに．
Ni-ngali-kuwa mwanamume, ni-ngali-mwoa Yoko.
　　　私が男だったら，よう子と結婚しただろうなぁ．

否定を表す場合は，nge-/ngali- の前に si- を入れる．

〈2〉
Ni-si-nge-soma sana, ni-si-nge-faulu mtihani.
　　よく勉強しなかったら，テストに受からないだろう．
Ni-ngali-jua kuna mtihani leo, ni-si-ngali-kwenda kucheza soka.
　　今日テストがあると知っていたら，サッカーをしに行ってなかっただろう．
Tu-si-nge-kuwa na hadhari, tu-nge-ibiwa.
　　用心していなかったら，盗まれていた．
Kama a-si-nge-angalia vizuri, tu-nge-shambuliwa na simba.
　　彼がよく見ていなかったら，私たちはライオンに襲われていただろう．
U-ngali-jua alacho nyuki, u-si-ngali-onja asali.（Methali）
　　ミツバチが食べている物を知ったなら，蜂蜜を味わえないだろう．（諺）

「仮想」という意味とは別に，nge- を用いて「できれば～したい」，「～すると嬉しいのですが」といったような控え目な表現を表すことがある．

〈3〉
Ni-nge-taka kumwona Mwalimu Asha.
　　アシャ先生にお会いしたいのですが．
Ni-nge-furahi kwenda huko.
　　そこへ行ければ嬉しいです．
Ni-nge-penda niende Moshi pamoja na Yoko.
　　よう子と一緒にモシへ行きたいなぁと思います．

練習問題

1. 次のスワヒリ語を訳しなさい.
   1. Wasingefanya kazi kwa bidii, wasingepata pesa za kutosha.
   2. Ningetaka kumwona Aisha siku nyingine.
   3. Asingeondoka asubuhi mapema, angekosa basi liendalo Arusha.
   4. Tungefurahi kama ukitufundisha Kisawahili mara moja kwa wiki.
   5. Kama angalikuwapo, angalikusaidia.
   6. Tusingalikuwa na hadhari dhidi ya wezi, tungaliibiwa sokoni.

23 ダルエスサラームの街角. マチンガの姿が見える

コラム15 タンザニア若者ことば4 ― タブロイド紙

　1990年代初頭，タンザニア政府は政治，経済，言論などでさまざまな自由化を実現した．それまで国家が統制していたマスメディアも，1992年以降は規制が緩和し，プライベートのメディアが多く生まれた．もっとも，テレビ放送が始まったのが1994年というのだから，国民の情報源は現在に比べてかなり限られていたに違いない．

　自由化の結果，たくさんの独立系新聞が市場に出回ることとなった．新しい新聞が次々と創刊され，人気のないものはさっさと廃刊する．そのスピードたるや，新聞の名前を覚えるのも追いつかないほどで，少なく見ても50紙（2008年現在）はある．

　こうした独立系新聞は，当初，2週に1回の発行だったが，それが週1回になり，今では週2回発行が主流．ほとんどがタブロイド紙で，トンデモ記事に溢れ，人気テレビドラマの解説，欧米のスターたちのゴシップ記事，ボンゴ・フレーバの歌詞，ボンゴ・フレーバのスーパースターたちのゴシップ記事，そして漫画からなる．これらは真面目な新聞と区別してMagazeti ya udaku（ゴシップ新聞）と呼ばれる．女性は特にMagazeti ya udakuが大好き．Stori（読み物）がたくさんあるのが魅力だという．

　自由なメディアに乗って，新しいことばも急速に広まっている．タンザニアのメディアの普及はまだ始まったばかりだが，日本同様，テレビやタブロイド紙によって，たくさんの流行語が爆発的に生まれては消えていく．Magazeti ya udakuは若者ことばの普及に欠かせない重要なメディアなのだ．（阿部 優子）

タブロイド紙いろいろ

21 モシに行く 1
Safari ya kwenda Moshi 1

Yoko:	Jumamosi ijayo ningetaka kuondoka Dar kwenda Moshi.
Neema:	Unakusudia kwenda peke yako?
Yoko:	Ndiyo, lakini hamna matatizo. Kule Moshi kuna mtu aliye ndugu wa mwalimu wangu wa chuoni. Mwalimu alinipa anwani na nambari yake ya simu. Atanikaribisha kwake.
Neema:	Vizuri sana. Usafiri wa kwenda Moshi ni mwingi. Kwa kawaida utachukua basi liendalo Arusha. Hilo basi litapitia Moshi. Itachukua saa saba au nane kufika Moshi.
Yoko:	Napenda kusafiri kwa basi, kwani utaweza kuangalia nchi na kuwaona watu mbalimbali njiani.
Neema:	Ni kweli. Naona hakutakuwa na matatizo kusafiri peke yako.
Yoko:	Mabasi yaendayo Moshi utayapata wapi?
Neema:	Kituo cha Ubungo. Mabasi mengi yaendayo mikoani yanaanzia Ubungo.
Yoko:	Ni lazima nikate tiketi kabla ya siku ya kuondoka?
Neema:	Si lazima. Utaweza kupata tiketi wakati utakapopanda basi. Lakini ni bora ukate tiketi ili upate nafasi nzuri. Nitakukatia tiketi asubuhi mapema siku yako ya kuondoka.
Yoko:	Asante, nakushukuru.

21.1 関係節(7)：関係 Be 動詞 li を用いる形式（コピュラ文）

存在文や所有文，コピュラ文など，「動詞を用いない文」を関係節にする時には，関係 Be 動詞 li を用いることはみたが，ここではコピュラ文の例をみておこう．コピュラ文の関係節というのは，あまり用いられるものではないが，「先生である彼は」などと強調して表現するような場合にみられる．

(1) 関係 Be 動詞 li を用いる形式　〈コピュラ文〉

|主語接辞|-|li|-|関係接辞|

たとえば，「先生である彼」，「学生である彼ら」なら，次のような形になる．
yeye　a-li-ye　mwalimu
wao　wa-li-o　wanafunzi

また，否定は li を si に変えて作る．たとえば「医者でない人」，「医者でない人たち」なら，次のような形になる．
mtu　a-si-ye　mganga
watu　wa-si-o　waganga

コピュラ文が関係節になった例を以下にみておこう．

〈1〉
mnyama aliye mkubwa kuliko kiboko
　　　　カバより大きい動物
Jayraam aliye mtoto wa Shivji
　　　　シヴジの子であるジャイラーム
jengo lililo kubwa zaidi kuliko jumba la mfalme
　　　　王宮より大きい建物
wasichana wasio wanafunzi wa shule hii
　　　　この学校の生徒でない女の子たち

練 習 問 題

1. 次の名詞句を関係 Be 動詞を用いて書きなさい.
   1. 私の先生である人
   2. タンザニア人である先生
   3. この学校の生徒である男の子たち
   4. この大学の先生でない人たち
   5. 日本人でない学生たち
   6. オレンジでない果物
   7. キリン（twiga）より背が高い動物
   8. 高くない木々
   9. 重くない本
   10. 黒くない髪の毛

24 ウブンゴのバスターミナル

コラム 16

タンザニア若者ことば５ーことばおじさん

　日本語の「ことばおじさん」といえば，NHKの梅津正樹アナウンサーが有名だが，タンザニアにも，正しいスワヒリ語を守る「ことばおじさん」がいる．それは Kifimbocheza「杖振りおじさん」という漫画のキャラクターだ．タブロイド紙（Magazeti ya udaku）の１つ，Sani に長年掲載されている，大人気長寿漫画 Kifimbocheza na wachafuzi wa lugha「杖振りおじさんとことば汚したち」．あまりの人気ぶりに，テレビアニメ化の話も出ているほどだ．

　漫画はいつも同じパターン．ストリートの若者が，普通の人には到底理解できないスラングを混じえて会話をしている．そこへ，ことばおじさんが杖を振り回して登場．「こら，今のことばは何だ！意味を言ってみろ！」と怒鳴りつける．すると若者が一語一語，標準スワヒリ語で解説．「なんだ，スワヒリ語を話せるじゃないか！」と言って終わる．

　タブロイド紙という若者ことばを発信するメディアが，「ことばおじさん」という古臭いタイプのキャラクターを使って，一見，若者ことばを否定しているかにもみえる．しかし，漫画を通してストリートのことばに馴染みのなかった普通の人々も「あれはね，実はこんな意味なんだって！」と楽しんでストリートのことばを自然に学習してしまうのだ．なんと巧みな戦術であろうか．　（阿部 優子）

Kifimbocheza na wachafuzi wa lugha　（Sani 紙 2008 年 3 月 15-18 日号）

22 モシに行く 2
Safari ya kwenda Moshi 2

Neema: Utapanda Mlima Kilimanjaro?

Yoko: Bila shaka. Ni moja kati ya madhumuni ya safari yangu hii.

Neema: Utapanda peke yako?

Yoko: La. Kwa kawaida watalii hupanda kwa kikundi kilicho na kiongozi anayeongoza njia na wapagazi wanaobeba mizigo.

Neema: Utajiunga na kikundi hicho kule Moshi?

Yoko: Ndiyo. Nitakapofika Moshi, nitatembelea kampuni ya utalii nipate kupangiwa kikundi changu. Watanitayarishia vitu vyote vinavyohitajika kupanda mlima hata nguo na vyakula.

Neema: Itachukua siku ngapi kupanda Mlima Kilimanjaro?

Yoko: Kwa kawaida siku tano. Hulala siku tatu njiani kwa kupanda, halafu siku moja kwa kushuka. Kuna vibanda vitatu vya kulalia. Kuna Kibanda cha Mandara, Horombo, na Kibo.

Neema: Vizuri sana. Utakapofika kilele cha Uhuru, upige picha ya ubao ulio na maandishi ya maneno ya Marehemu Rais Nyerere.

Yoko: Sawa. Nitajitahidi kufika kilele cha Uhuru kadiri niwezavyo.

22.1　関係節(8)：副詞的な関係節（時，様態）

関係節の中には，特に先行詞を必要とせず，時や様態を表す副詞的な節として用いられるものがある．時を表す節は関係接辞 po を用い，「〜した時，〜する時」などの意味を表す．様態を表す節は関係接辞 vyo を用い，「〜するように」といった意味を表す．いずれの節も，時制接辞の後ろに関係接辞をとる形式か，動詞の後ろに関係接辞をとる形式によって表される．まず時を表す関係節の例をみてみよう．

〈1〉　時を表す関係節の例
Yoko ali-po-fika kituo cha ndege cha Dar es Salaam, alisikia joto sana.
　　　よう子はダルエスサラーム空港に着いた時，とても暑く感じた．
Nitaka-po-fika Moshi, nitatembelea kampuni ya utalii.
　　　私はモシに着いたら，旅行会社を訪れます．
Wasichana hukusanya kuni waenda-po msituni.
　　　女の子たちは森へ行く時は薪を集める．
Ili-po-fika alfajiri, tulifika kilele cha Gilman's Point.
　　　夜明けになった時，私たちはギルマンズポイント峰に着いた．
Wapigana-po tembo, nyasi huumia. (Methali)
　　　ゾウが争ったら，草が傷つく．（諺）
Anguruma-po simba, mcheza nani? (Methali)
　　　ライオンが唸っている時に，遊んでいるのは誰？（諺）

関係接辞 po の前の時制接辞が否定の si になって si-po- という連続になる場合，「もし〜しなければ」という否定の仮定を表す．仮定を表す接辞 ki- を用いる文の否定に相当すると考えてよいだろう．

〈2〉　si-po- を用いて否定の仮定を表す例
Wa-si-po-jua Kiswahili, watapata shida njiani.
　　　彼らがスワヒリ語を知らなければ，道中困難な目にあうだろう．
U-si-po-taka kuandika barua, umpigie simu kumwomba radhi.
　　　手紙を書きたくないなら，電話して赦しを乞いなさい．
U-si-po-ziba ufa, utajenga ukuta. (Methali)
　　　（壁の）亀裂を埋めなければ，壁を作るはめになる．（諺）

Wengi wape, u-si-po-wapa watachukua kwa mikono yao. (Methali)
　　　大勢には与えよ．与えなければ彼ら自ら取るだろう．（諺）
Ukiona neno, u-si-po-sema neno, hutapatikana na neno. (Methali)
　　　何事かをみて，何も言わなければ，問題には巻き込まれない．（諺）
　　　（君子危うきに近寄らず）

様態を表す関係節の前には，kama〈のように〉，kadiri〈する限り〉，jinsi〈様態〉，namna〈方法〉などの語がくることが多い．様態を表す関係節の例をみてみよう．

〈3〉　様態を表す関係節の例
Yoko alisonga ugali kama Mama Neema ali-vyo-mwambia.
　　　よう子はネエマのお母さんが言うようにウガリをこねた．
Bibi alitusimulia jinsi chui ali-vyo-pata madoadoa.
　　　おばあさんが私たちにヒョウがどうやって斑点を得たかという話をしてくれた．
Mama Neema hakupenda namna binti yake ali-vyo-pika mchuzi.
　　　ネエマのお母さんは彼女の娘のシチューの料理の仕方が気に入らなかった．
Nitajitahidi kufika kilele cha Uhuru kadiri niweza-vyo.
　　　私はできる限りウフル峰に到達するよう努力します．
Kila wali-vyo-zidi kukimbia, ndivyo mbwa naye ali-vyo-ongeza mwendo.
　　　彼らが走れば走るほど，犬もまたスピードをあげた．
Mtoto umlea-vyo ndivyo akua-vyo. (Methali)
　　　子供は育てた様に育つ．（諺）

25 モシのバスターミナル

練習問題

1. 次のスワヒリ語を訳しなさい.
   1. Wamakonde wanachonga vinyago wapatapo gogo zuri.
   2. Kila mtoto anachonga kinyago kama apendavyo.
   3. Msipomchokoza mbwa huyo, hatawakimbiza.
   4. Mama Neema anapopika mchuzi, anatia chumvi nyingi.
   5. Jitahidi umalize kazi zako zote za nyumbani kadiri iwezekanavyo.
   6. Usipokuja ofisini kesho, hutapata mshahara wa mwezi huu.
   7. Akiba haiozi kama Waswahili wasemavyo.
   8. Wasipomfuata kiongozi wao, watapotea njia.

26 長距離バスに群がる売り子たち

コラム17 モシ，キリマンジャロへの道

　キリマンジャロ山はタンザニア北東部に位置するアフリカ大陸で最高の峰をもつ山である．毎年多くの観光客が登山に訪れる．その基点となるのが，キリマンジャロ州で一番栄えている町モシである．

　モシはダルエスサラームから約400km北部に位置する．モシにはKIA（Kilimanjaro International Airport）があり，日本からはKLMがアムステルダム，キリマンジャロ経由でダルエスサラームへ運行しており，日本から直接KIAへ行きたい場合はKLMを利用する．ただ，KLMは中東を経由してダルエスサラームへ行くエミレーツ航空やカタール航空と比べると値段が高い．そこで，安くしかも早くモシへ行きたい人には国内線の利用を勧める．エミレーツ航空もカタール航空も大体，13時から15時の間にダルエスサラームのJ. K. ニエレレ空港に到着する．入国の手続きを終え，空港の外に出ると各国内線の航空会社の窓口がある．大体16時から19時の間に各航空会社はモシ行きの最終便を運行するので，十分間に合い，その日のうちにモシへつくことができる．運賃は片道，$165～185である．もし，モシ行きの便が満席の場合，アルーシャ国際空港行きの飛行機に乗るとよい．アルーシャからはモシ行きのバスがたくさん運行しているので，アルーシャについてから2時間ほどでモシへ着く．

　また，ダルエスサラームからバスで行く方法もある．ウブンゴバスターミナルから毎日，早朝から昼頃まで毎時，多くのバスがモシへ向けて出発している．モシまでの所要時間は約8時間となっているが，実際は8時間から10時間はみておいたほうがよい（特にモシからダルへ向かう場合，夕方のダルの交通渋滞に巻き込まれたら時間がずいぶんとかかる）．車窓から，サイザル畑や大きなバオバブの木など，タンザニアの広い自然を満喫できる．

　このように，飛行機でもバスでも，モシはとても行きやすい町である．朝晩は時期によってとても冷え込むので，長袖の服を用意してぜひキリマンジャロ登山を目指そう．（八尾 紗奈子）

23 キリマンジャロに登る１
Kupanda Mlima Kilimanjaro 1

Wageni wengi wanaokuja Tanzania wanapenda kutembelea mji wa Moshi, kwa sababu wanaweza kuona na kupanda Mlima Kilimamjaro huko.

Mlima Kilimanjaro ni mlima mrefu kuliko milima yote iliyomo Afrika. Urefu wake kutoka usawa wa bahari ni mita 5,895. Kilele cha Uhuru huwa kimefunikwa na barafu na theluji mwaka mzima. Ingawa ziko njia mbalimbali za kufikia kilele cha Uhuru, njia wanayoipendelea watalii ni njia inayoanzia mahali panapoitwa Marangu. Mtu ye yote, mzee au kijana, anaweza kupanda Mlima kwa urahisi kupitia njia hiyo.

Kupanda na kushuka Mlima Kilimanjaro huchukua siku tano. Wapandao mlima wanalala katika vibanda vilivyopo katika vituo vya njiani kuelekea mlimani. Ijapokuwa hakuna shida yo yote ya kupanda mlima, lazima uwe na hadhari ili usipate "ugonjwa wa mlima", yaani ugonjwa kutokana na ukosefu wa oksijeni. Wapandao mlima huu wanashauriwa kwenda na kupanda polepole. Hata ukitahadhari kwa makini, bado unaweza kupata ugonjwa huu kwa kiasi fulani, hasa wakati utakapofikia Kibanda cha Kibo kilichoko juu zaidi kuliko vyote. Kiko kama mita 4,700 kutoka usawa wa bahari. Ukipatwa na "ugonjwa wa mlima", kichwa kinakuuma na unahisi kichefuchefu.

23.1 前置詞・接続詞的な表現

スワヒリ語には，品詞として「前置詞」や「接続詞」として分類されるものは極めて少ない．その代り，名詞や動詞，属辞などを用いて前置詞や接続詞にあたる表現が作られる．以下に，本来の前置詞や接続詞も含めて，前置詞的な表現，接続詞的な表現の主要なものを紹介しておこう（網羅的ではない）．

(1) 前置詞的な表現

na 〜とともに，〜によって

    Mbwa huyo alipigwa na baba yangu.
    その犬は私の父に殴られた．

kwa 〜でもって，〜について

    Mbwa huyo alipigwa kwa fimbo.
    その犬は棒で殴られた．

katika 〜の中に

    Mbwa huyo yumo katika chumba kile.
    その犬はあの部屋の中にいる．

kwenye 〜のところで

    Yoko na Neema walikutana kwenye kituo cha ndege.
    よう子とネエマは空港で会った．

mpaka, hadi 〜まで

    Tulijadiliana juu ya historia kuanzia karne ya 19 hadi sasa.
    私たちは19世紀から今までの歴史について議論し合った．
    Tulijadiliana juu ya historia mpaka tufahamu vizuri.
    私たちはよく理解するまで，歴史について議論し合った．

kutoka, toka, tangu 〜から

    Yoko anakaa Moshi kutoka/toka/tangu wiki iliyopita.
    よう子は先週からモシに滞在している．

kutokana na 〜に由来して

    Alipatwa na kichefuchefu kutokana na ukosefu wa oksijeni.
    彼女は酸素の不足によって吐き気を催した．

kuliko 〜より
: Namba hasi ni ndogo kuliko namba chanya.
: マイナスの数字はプラスの数字より小さい.

mnamo 〜に
: Mnamo karne ya 19 ugombeaji wa makoloni ulianza duniani.
: 19世紀に世界で植民地争奪が始まった.
: Watoto hula chakula cha mchana mnamo saa saba.
: 子どもたちはいつも1時に昼食を食べる.

miongoni mwa 〜の中に
: Neema ni miongoni mwa wanafunzi waliofaulu mtihani.
: ネエマは試験に合格した学生のうちの一人だ.

kwa ajili ya 〜のために
: Waafrika walipigana kwa ajili ya uhuru.
: アフリカ人は独立のために闘った.

isipokuwa 〜以外
: Wanafunzi wote walivaa sare ya shule isipokuwa Juma.
: ジュマ以外すべての生徒が学校の制服を着ていた.

(2) 接続詞的な表現

lakini でも, しかし
: Lakini kukimbia kwao hakukuwafaa kitu.
: しかし彼らが走っても, それは何の役にも立たなかった.

halafu そして, それから
: Alichemsha maji halafu alitia unga.
: 彼女はお湯を沸かして, それから粉を入れた.

hata 〜でさえ
: Hata ukitahadhari kwa makini, utapata ugonjwa wa mlima.
: 非常に注意していたとしても, 高山病になるだろう.
: Sikujua matatizo yake hata kidogo.
: 私は彼女の問題を全然知らなかった.

bali しかし, その反対に,
: Afrika si bara lenye vita na njaa tu, bali ni bara lenye utamaduni mbalimbali.
: アフリカは戦争や飢餓だけの大陸ではなく, 様々な文化をもつ大陸だ.

kwa sababu　なぜなら
> Kwa sababu hakuniambia chochote.
> なぜなら彼女は私に何も言わなかったから．

kwani　なぜなら，～とでもいうのか
> Juma hakutaka kwenda Serengeti kwani aliogopa wanyama.
> ジュマは動物が怖かったからセレンゲティへ行きたくなかった．
> Baba alisema "Kwani unakwenda kuwinda huko Serengeti?"
> 父は「おまえはセレンゲティに狩りに行くとでも言うか」と言った．

kwa kuwa　なぜなら，というのも
> Walishambuliwa na tembo kwa kuwa waliwachokoza.
> 彼らはちょっかいを出したから，ゾウに襲われたのだ．

kwa hivyo　したがって，だから
> Waliwachokoza tembo kwa hivyo walishambuliwa nao.
> 彼らはゾウにちょっかいを出した，だから襲われた．

ingawa, ijapokuwa　～だけども
> Ingawa/Ijapokuwa aliogopa wanyama, aliamua kwenda huko.
> ジュマは動物が怖かったけど，そこへ行くことにした．

ikiwa/iwapo　もし～なら
> Ikiwa/Iwapo nitafaulu kufika kileleni, nitapiga picha nyingi.
> もし私が登頂に成功したら，たくさん写真を撮ります．
> Ikiwa hujui kufa, tazama kaburi.（Methali）
> もし死というものを知らないなら，墓を見なさい．（諺）

endapo　もし～なら
> Endapo utakuja mapema tutaondoka pamoja.
> もし君が早く来たら，一緒にでかけましょう．

27 キリマンジャロの山頂をめざして

練 習 問 題

1. 次のスワヒリ語を訳しなさい．
   1. Tembo ni mkubwa kuliko kifaru, swala ni mdogo kuliko paa.
   2. Mnamo mwaka elfu moja mia tisa sitini na saba, Kiswahili kilitangazwa kuwa lugha rasmi ya Tanzania.
   3. Katika mkoa wa Mara, fisi anaonekana hata vijijini.
   4. Endapo nitapata bahati ya kuingia chuo kikuu, nitasomea udaktari.
   5. Ingawa namfahamu Mwalimu Chuwa, sijui nyumba yake ilipo.
   6. Mtoto huyo alipoulizwa iwapo anaumwa, alijibu, "Hata!"

28 キリマンジャロの雄姿

24 キリマンジャロに登る 2

Kupanda Mlima Kilimanjaro 2

Wanaopanda Mlima Kilimanjaro kupitia njia ya Marangu huwa wanafikia Kibanda cha Kibo siku ya tatu. Wanalala humo mpaka usiku wa manane. Halafu wanaamka saa nane usiku na kuondoka kibanda hicho kuelekea kileleni. Njia hii ya kuelekea kileleni ni ya mwinuko mkali wenye mawe na mchanga. Wengi wanaona shida kubwa kupanda mwinuko huu wa mwisho. Wako wachache wanaokata tamaa kufika kileleni, lakini wengineo hufaulu kufika kileleni. Ukiwa na afya nzuri, utafika "Gilman's Point" baada ya mwendo wa saa nne au tano. Ukifaulu kufika kilele hicho, utaweza kuona mawingu yanayoendelea mpaka upeo wa macho. Halafu jua linaanza kutokeza katika mawingu. Hakuna neno lo lote litakaloweza kusifu mandhari hayo.

Kutoka "Gilman's Point" hadi kilele cha Uhuru, unakwenda njia iliyoko juu ya ukingo wa kasoko. Unaweza kuangalia barafu na theluji zisizoyeyuka milele. Hapa ndipo mahali pa kung'ara.

Wanaofaulu kufika kileleni hupewa cheti ambacho kinathibitisha kufika kileleni. Wanaofika "Gilman's Point" hupewa cheti cha rangi ya buluu, wanaofaulu kufika kilele cha Uhuru hupewa cheti cha rangi ya dhahabu.

24.1　関係接辞を用いる語〈ndi-, na, -ingine〉

　関係節を作る以外に関係接辞が用いられる場合がある．強調を表す語 ndi- や，「～を持っている，～と」などの意味を表す na，「他の」という意味の形容詞 -ingine などにつく場合である．ndi- にはいつも義務的に関係接辞がつくが，na や -ingine は任意で，場合によって関係接辞がつく．それぞれの例を以下にみていこう．

(1) 強調を表す語 ndi-

ndi - 関係接辞

　コピュラ文で，たとえば Yeye ni mwalimu.〈彼は先生である〉というところを，強調して〈彼こそが先生である〉という場合，ni の代わりに ndi- を用いて，Yeye ndiye mwalimu. ということができる．このように，ndi- は ni を強調していう語だと理解しておいていいだろう．ただし，ni と違って単独で用いることができるので，〈はい〉という肯定の返事 "Ndiyo." のような用い方もできる．また，コピュラ文の否定で用いられる si にも関係接辞をつけて強調することができる．

〈1〉
Huu ndio Mlima Kilimanjaro. Huu sio Mlima Kenya.
　　これこそがキリマンジャロ山だ．これはケニア山ではない．
Majangili ndio wanaowashambulia tembo.
　　密猟者たちがゾウを襲っているのだ．
Kupotea njia ndiko kujua njia.（Methali）
　　道に迷うことこそが道を知ることだ．（諺）
Mtoto umleavyo ndivyo akuavyo.（Methali）
　　子供は育てた様に育つ．（諺）
Penye urembo ndipo penye urimbo.（Methali）
　　美しさのある所に罠がある．（諺）
Wagombanao ndio wapatanao.（Methali）
　　喧嘩する者こそが仲良くなる者．（諺）
Natuone ndipo twambe, kusikia si kuona.（Methali）
　　見てその時こそ言おう，百聞は一見に如かず．（諺）

また，ndi- は独立人称代名詞の一音節と結合して，〈まさに私です〉，〈まさにあなたです〉などの表現を作ることができる（3人称の場合は1，2クラスの関係接辞が結合した形である）．

〈2〉
Ndimi. / Ndiwe.　　　　　　まさに私/あなたです．
Ndisi. / Ndinyi.　　　　　　まさに私たち/あなたたちです．
Ndiye yule bwana.　　　　　まさにあの男の人です．
Ndio watakaokwenda.　　　　行くのはまさに彼らです．

(2) 所有や「～と」の意味を表す na

na - 関係接辞

na は主語接辞を前につけて「～を持っている」という所有文を作ることもできるし，後ろに名詞をとって「～と，～も」という意味の前置詞として用いることもできる．いずれの場合も，関係接辞をつけて「それを持っている」，「それと，それも」というような意味を表すことができる．この場合，na につく関係接辞は「それ」という代名詞のような意味を表していると考えていいだろう．また，ndi- と同じように，独立人称代名詞の一音節と結合して，〈私と，私も〉などの表現を作ることができる．

〈3〉
Una kitabu? ── Ndiyo, ninacho.（*Ndiyo, nina. という言い方は不可）
　　　　あなたは本を持っていますか．──はい，持っています．
Juzuu la nane analo karani yule.
　　　　第8巻はあの事務員が持っています．
Yoko atakwenda nawe.
　　　　よう子はあなたと一緒に行きます．
Watalii kutoka Ulaya nao walipanda Mlima Kilimanjaro.
　　　　ヨーロッパからの観光客たちもキリマンジャロに登った．
Neema naye aliangua kicheko.
　　　　ネエマもまた笑いころげた．

(3) 形容詞「他の」-ingine

-ingine - 関係接辞

　-ingine は「他の」という意味の形容詞であるが，後ろに関係接辞をとる場合がある．その場合，前に言及した何かについて「その他の〜」という意味を表す．

〈4〉
　Yoko alipanda Mlima Kilimanjaro. Atapanda mlima mwingineo?
　　　　よう子はキリマンジャロ山に登った．彼女はその他の山に登るだろうか．
　Wageni walikaribishwa na pilau na vyakula vinginevyo.
　　　　お客さんたちはピラウやその他の食べ物でもてなされた．
　Serikali ilijitahidi kueneza elimu na huduma nyinginezo.
　　　　政府は教育やその他の行政サービスを広めるよう努力した．
　Utawaona watu wengineo watakaohudhuria mkutano.
　　　　会議に参加する他の人にも会えるでしょう．

29 キリマンジャロ登山，中間地点のホロンボ・ハット

練習問題

1. 会話例の中の□の語や接辞を入れ替えて，それぞれの名詞についての会話文を書きなさい．

   会話例：Una kitabu ?
   　　　　Ndiyo, nina cho . Lakini nataka kinginecho . Una cho ?
   　　　　Ndi cho hiki .

   1. mtoto
   2. ufunguo
   3. nyumba（9cl.）
   4. duka
   5. mikoba
   6. madaftari
   7. vijiko
   8. nguo（10cl.）
   9. wanafunzi
   10. chumba
   11. mahali pazuri

30 ウフル・ピーク登頂！5895m

25 セレンゲティ1
Serengeti 1

Wakiulizwa juu ya taswira ya Afrika, Wajapani wengi huenda wakatoa taswira za "joto", "wanyama pori", "njaa" au "vita vya wenyewe kwa wenyewe" na kadhalika. Baada ya kusafiri kwa muda nchini Tanzania, Yoko sasa anajua kwamba Afrika si bara lenye joto, wanyama na vita tu, bali ni bara lililo na mali na miujiza mbalimbali, bara lililobarikiwa kwa utamaduni wa aina mbalimbali, bara ambalo watu wanaishi kwa kusaidiana na kuheshimiana. Kila mahali alipokwenda alikaribishwa na wenyeji kwa ukarimu.

Alipofika Arusha kutoka Moshi, Yoko alijiunga na kikundi cha utalii kutembelea Hifadhi ya Taifa ya Serengeti, kwani ilikuwa ni moja kati ya madhumuni ya safari yake. Kikundi hicho kilikuwa na watalii wanane wanaotoka nchi mbalimbali na kiongozi mmoja na dereva mmoja.

Serengeti ni mojawapo ya miujiza ya Afrika. Hifadhi ya Taifa ya Serengeti ilitambuliwa kuwa ni Urithi wa Dunia wa Shirika la Umoja wa Mataifa la Elimu, Sayansi na Utamaduni (UNESCO) mwaka 1981. Jina Serengeti linatokana na neno la Kimasai "Siringet" lililo na maana ya "mbuga isiyokuwa na mwisho".

25.1 「動詞を用いない文」の過去形，未来形

コピュラ文，所有文，存在文などは「動詞を用いない文」であるが，過去や未来を表す場合には，Be 動詞である wa を用いる必要がある．それは時制接辞の li-（過去）や ta-（未来）を用いるためには動詞が必要だからである．それぞれの文の過去形と未来形の例を否定文とあわせて，以下にあげておく．

(1) コピュラ文

現在：	Mimi ni mwanafunzi.	私は学生です．
	Mimi si mwalimu.	私は先生ではありません．
過去：	Nilikuwa（ni）mwanafunzi.	私は学生でした．
	Nilikuwa si mwalimu. / Sikuwa mwalimu.	
		私は先生ではありませんでした．
未来：	Nitakuwa（ni）mwanafunzi.	私は学生になるだろう．
	Nitakuwa si mwalimu. / Sitakuwa mwalimu.	
		私は先生にならないだろう．

(2) 所有文

現在：	Nina baisikeli.	私は自転車を持っている．
	Sina gari.	私は車を持っていない．
過去：	Nilikuwa na gari.	私は車を持っていた．
	Sikuwa na baisikeli.	私は自転車を持っていなかった．
未来：	Nitakuwa na gari.	私は車を持つだろう．
	Sitakuwa na pikipiki.	私はバイクを持たないだろう．

(3) 存在文

現在：	Wako hapa.	彼らはここにいる．
	Hawako hapa.	彼らはここにいない．
過去：	Walikuwako nyumbani.	彼らは家にいた．
	Hawakuwako nyumbani.	彼らは家にいなかった．

未来：Watakuwako shuleni.　　　彼らは学校にいるだろう．
　　　　Hawatakuwako shuleni.　　彼らは学校にいないだろう．

コピュラ文で用いられる ni は，過去形や未来形においては任意であるが，用いられない方が一般的である．また，存在文の過去形や未来形では，存在辞（-po, -ko, -mo）が省略されることがあったり，Be 動詞の wa が存在辞に母音調和して we になることもある．

〈1〉
Ilikuwa ni moja kati ya madhumuni ya safari yake.
　　　　それは彼女の旅の目的の一つだった．
Walikuwa wanafunzi wa Chuo Kikuu cha Dar es Salaam.
　　　　彼らはダルエスサラーム大学の学生たちだった．
Kikundi hicho kilikuwa na watalii wanane.
　　　　そのグループは8人の観光客がいた．
Majangili watakuwapo / watakuwa / watakuwepo msituni.
　　　　密猟者たちは森の中にいるだろう．
Juzuu la saba lilikuwamo / lilikuwa / lilikuwemo ndani ya rafu.
　　　　第7巻は棚の中にありました．

練習問題

1. 次の文をスワヒリ語で書きなさい.
   1. ジュマは家にいます. 彼は学校にいません.
   2. ジュマは夕方は学校にいました. 彼は家にいませんでした.
   3. 彼は明日は畑にいるでしょう. 彼は明日は学校にいないでしょう.
   4. 私の父は大きな車をもっていた. 彼は来年バイクももつだろう
   5. この家には窓がない. 昔は4つの窓があった. これは刑務所（gereza）になるだろう.

コラム 18　Shengは「出来損ない」なコトバか？
— 混合言語に見る「伝統」と「普遍性」—

　以下は，ケニアのスワヒリ語新聞 Taifa の土曜版の娯楽コラム（2007年7月）からの一節である．

　　Mi ninataka tu kuwathank wale wasee wameendelea kukeep it here yaani hawakosi kopi ya "Taifa" on Sato nyi ni wetu au siyo? Oh kabla sijasahau jana nilikuwa natembea tao. Kidogo nikacheki dem anatembea amevaa vinoma na nywele joh! Nilikuwa nafikiri ni Beyonce kando...

[抄訳] 私（mi），ずっとこのコラムを手に取ってくれてるみんな（wasee），つまり土曜（Sato）の『Taifa』をかかさず見てくれてるみんなに感謝したい（kuwathank）．あなたたち（nyi）は私たちの仲間ってことだよね？ あ，忘れる前に，昨日町（tao）を歩いてて，ちょっと女の子（dem）をチェックしたんだけど，ヘア・スタイルがヤバイ（vinoma）! 隣にビヨンセ（アメリカの人気アイドル歌手）がいるのかと思った...

　この文，スワヒリ語のようだけれど文法的に何か違う．それに英語と思しき単語や，スワヒリ語の辞書にはないような単語もごちゃまぜに入り混じっている．この何だか変なスワヒリ語は「シェン」（Sheng）と呼ばれる一種の混合言語である．Sheng という名称の由来は，SwaHili と ENGlish を掛け合わせたという説と，ENG-li-SH のアタマの音とおしりの音をひっくり返してできたという説がある．
　ナイロビの下町，イーストランドの若者コトバに発祥すると言われるシェンは，今ではケニア各地の都市部に伝播し，若者に限らず広い世代の人々の生活に浸透しているようである．このことは，新聞のようなメディアに載ったり，あるいは議員選挙の立候補者がシェンを用いた演説をしたり，宣伝広告のキャッチコピーに使われたりといった現象からも見て取れるわけである．ただ，とくに良識あるオトナの人々からは，あの美しいスワヒリ語の呼応システム（文法的一致）を無視した「出来損ない」な言語として糾弾されることがしばしばである．
　このように，サブカル的で新奇なコトバと思われているシェンではあるが，その「文法」をよく見ると，実は古くから受け継がれている民族語の特徴がちらほらと顔を出していることがある．例えば，一行目の指示詞 wale〈あの（人々）〉を見てみよう．これは，wameendelea kukeep it here「かかさず見てくれてる」を先行詞 wesee〈みんな〉（標準語形 wazee, 御大＞ダチ）に結びつける関係代名詞の役割を果たしている．指示詞を関係代名詞として使う用法は，標準スワヒリ語の規範ではないが，土着のバントゥ諸語においては決して珍しくない表現である．そしてこのことは同時に，関係代名詞（や，それと同等のはたらきをする要素）をもつ世界の言語には，その正体がもともと指示詞であったというケースが少なくないという事実とも関係する（英語の that もそのひとつ）．こう考えれば，シェンにおける指示詞の関係代名詞的用法は，土着の民族語の個別的な差異を超えたところにある共通性，ひいては言語一般に見られる普遍性の反映と見ることもできるかもしれない．
　さらには 3 行目に出てくる vinoma は，noma〈文句，困ったこと〉を副詞的に使った表現で，しかもその内容は〈すごい，素晴らしい〉と称賛するものである．これは，日本の若者コトバですでにお馴染みの〈ヤバイ〉とほとんどパラレルな意味拡張の現象である．このように，規範的とは言えないシェンではあるが，よくよく見ていくと，そのなかにも言語のフシギを見出すことができるのである．（品川 大輔）

セレンゲティ 2
Serengeti 2

Ingawa Yoko alikuwa ameanza kupoteza hamu ya kuangalia wanyama pori wakati alipofika Arusha, alikwenda kutembelea Serengeti. Kwa sababu alikuwa amewaahidi wenzake kuwaonesha picha za wanyama pori.

Ukiingia tu mbuga hii, utawaona wanyama wa kila aina. Mwanzoni watalii wanafurahia kuwaona wanyama kama swala, paa, pundamilia na twiga. Baadaye wanaanza kuwa na shauku ya kuwaangalia wanyama wakubwa zaidi kama tembo, kifaru, kiboko na wanyama walao nyama kama simba, duma na chui.

Chui wa Hifadhi ya Taifa ya Serengeti ni maarufu kwa kupanda miti. Hupanda miti kuwakwepa simba na fisi ili wasiwabughudhi wapatapo mawindo. Tofauti kati ya chui na duma ni kwamba chui ana umbo kubwa zaidi. Tena duma ana mchirizi mweusi utokao kila upande wa jicho hadi shavuni. Madoa ya duma ni kama matone meusi. Madoa ya chui ni meusi pia lakini umbo lao ni kama la bangili.

Nyumbu pia ni maarufu katika mbuga hii kwa wingi na kwa uhamaji wao. Huandamana mamia kwa mamia pamoja na pundamilia wakati wa kuhama. Huwa wanahamia mbuga ya wanyama ya Masai Mara inayopakana na Serengeti mnamo mwezi wa tano au wa sita, na wanarudi Serengeti mwezi wa kumi na mbili hivi.

26.1 複合時制の形式

　ここでみる複合時制の形式とは，時制接辞の li-（過去）や ta-（未来）を用いた Be 動詞 wa と，na-（現在）や ki-（付帯状況），me-（完了）などを用いた動詞を組み合わせた形式のことである．つまり前半部分に Be 動詞 wa，後半部分に一般の動詞を並べた形で，過去や未来のある時点で，ある動作が進行しているとか，完了しているといったことを表す．いわゆる「過去進行形」や「過去完了形」というような時間の表現を表す形式である．

　前半部分は「時制」を表す部分で，過去と未来の2つが可能であり，後半部分は「相」を表す部分で，進行と完了の2つが可能である．よって複合時制の形式は，これらの組み合わせによって，過去進行，未来進行，過去完了，未来完了の4つを表すことができる．進行は na-（現在）と ki-（付帯状況）の2つが同じように用いられる．

(1) 過去進行

　　Nilikuwa ninasoma kitabu.　　　私は本を読んでいた．
　　Nilikuwa nikisoma kitabu.　　　私は本を読んでいた．
　　Alikuwa akila chakula cha asubuhi tulipofika kwake.
　　　　　　私たちが彼の家に着いた時，彼は朝ご飯を食べていた．

(2) 未来進行

　　Nitakuwa ninasoma kitabu.　　　私は本を読んでいるだろう．
　　Nitakuwa nikisoma kitabu.　　　私は本を読んでいるだろう．
　　Atakuwa anapanda Mlima Kilimanjaro Alhamisi ijayo.
　　　　　　次の木曜日，彼女はキリマンジャロを登っているだろう．

(3) 過去完了

　　Nilikuwa nimesoma kitabu.　　　私は本を読んでしまっていた．
　　Alikuwa ameanza kupoteza hamu ya kuangalia wanyama pori.
　　　　　　彼女は野生動物を見たいという願望を失い始めていた．

(4) 未来完了

Nitakuwa nimesoma kitabu. 　　私は本を読んでしまっているだろう．
Atakuwa amefika Arusha Jumamosi ijayo.
　　　　　　　次の土曜日には彼女はアルーシャに着いているだろう．

　複合時制の否定は，基本的に後半部分を否定形にする．進行の否定は「現在」を表す文の否定形（否定主語接辞 - 動詞語幹 -i）である．完了の否定は「未完了」の形（否定主語接辞 -ja- 動詞語幹 -a）である．

(5) 過去進行の否定

Nilikuwa sisomi kitabu. 　　　私は本を読んでいなかった．
Alikuwa hapiki chakula tulipofika kwake.
　　　　　　　私たちが彼女の家に着いた時，彼女は料理していなかった．

(6) 未来進行の否定

Nitakuwa sisomi kitabu. 　　　私は本を読んでいないだろう．
Watakuwa hawapigi ngoma baada ya nusu saa.
　　　　　　　彼らは30分後には太鼓をたたいていないだろう．

(7) 過去完了の否定（過去の未完了）

Nilikuwa sijasoma kitabu. 私はまだ本を読んでいなかった．
Alikuwa hajapoteza hamu ya kuangalia wanyama pori.
　　　　　　　彼女はまだ野生動物を見たいという願望を失っていなかった．

(8) 未来完了の否定（未来の未完了）

Nitakuwa sijasoma kitabu. 　　　私はまだ本を読んでいないだろう．
Watakuwa hawajafika kileleni saa kumi na moja alfajiri.
　　　　　　　夜明けの5時には彼らはまだ頂上に着いていないだろう．

練習問題

1. 次の文をスワヒリ語で書きなさい．
   1. 私がジュマの家に着いた時，彼はテレビを見ていた．
   2. 私が彼の家に着いた時，子供たちは勉強していなかったよ．
   3. その時彼らはもう昼ご飯を食べ終わっていた．
   4. よう子は次の日曜日にはまだダルエスサラームに戻っていないでしょう．
   5. 彼女は次の土曜日はセレンゲティを訪れているでしょう．

31 セレンゲティ・木に登るヒョウ

27 ザンジバルに行く 1

Safari ya kwenda Zanzibar 1

Neema: Je, una mpango wa kwenda Unguja?

Yoko: Unguja? Hapo ni wapi?

Neema: Kumbe, hulijui neno hilo? Ni jina la kienyeji la kisiwa cha Zanzibar. Neno Zanzibar lina maana mbili, moja ni kisiwa cha Unguja na nyingine ni eneo lenye visiwa viwili vikubwa yaani Unguja na Pemba, na visiwa vingine vidogo vidogo.

Yoko: Ala, sikujua kabisa. Lakini nimewahi kusikia kuwa visiwa vya Zanzibar vilikuwa vikitawaliwa na sultani wa Oman, au siyo?

Neema: Ndiyo hasa. Kabla wakoloni wa Ujerumani na Uingereza hawajaja, sultani wa Oman alikuja huku Afrika ya Mashariki na alikuwa anatawala sehemu kubwa. Na mji wa Unguja ndio uliokuwa mji mkuu wa Oman wakati huo.

Yoko: Kwa sababu hiyo huko visiwani kuna utamaduni wa Kiarabu na Kiislamu.

Neema. Ehee. Watu wa Unguja na Pemba, wengi wao ni Waislamu na hata wengine wanajua sana Kiarabu. Maneno mengine ya Kiswahili cha Unguja yanatofautiana na ya Kiswahili cha bara, kwani visiwani yanatumiwa maneno mengi yanayotokana na Kiarabu.

27.1 時間的・空間的な前後の表現
<kabla, baada, mbele, nyuma>

「〜の前に」という表現は，日本語では時間的・空間的どちらのことも表し得る．「〜の後に」という場合は，「あと」と「うしろ」というように時間的なものと空間的なものが区別されている．スワヒリ語ではこの4つの表現はすべて異なる語で表される．

時間的な表現： 「〜の前に」　kabla ya 〜
　　　　　　　 「〜の後に」　baada ya 〜
空間的な表現： 「〜の前に」　mbele ya 〜
　　　　　　　 「〜の後に」　nyuma ya 〜

どれも属辞 ya をとり，その後ろに名詞が続く．時間的な表現の場合は，名詞の代わりに動詞の不定形が続くこともある．

〈1〉

Atafika Moshi kabla ya saa kumi na moja jioni.
　　　彼女は夕方の5時前にはモシに着くだろう．
Alinunua mkate na juisi ya mananasi kabla ya kupanda basi.
　　　彼女はバスに乗る前に，パンとパイナップルジュースを買った．
Baada ya mvua watu waliendelea na safari zao.
　　　雨の後，人々は旅を続けた．
Waliendelea na shughuli zao baada ya kupumzika kidogo.
　　　彼らは少し休んだ後，仕事を続けた．
Kuna kituo cha basi mbele ya posta.
　　　郵便局の前にバス停がある．
Nyuma ya posta kuna jengo la YWCA.
　　　郵便局の後ろには YWCA の建物がある．

また，kabla の場合，属辞をとらずに後ろに未完了の文が続いて，「〜する前に」という意味を表すことがある．未完了の文は日本語にすると「まだ〜していない」となるので，「まだ〜していない前に」という訳になりそうだが，これで「〜す

る前に」という意味を表す．例文をみてみよう．

〈2〉
Yoko alitembelea chuo kikuu kabla hajaondoka Dar es Salaam.
　　　　　よう子はダルエスサラームを発つ前に，大学を訪れた．
Kabla hawajafika kileleni, jua lilianza kutokeza.
　　　　　彼らが頂上に到達する前に，太陽が出始めた．
Kabla wakoloni wa Uingereza hawajaja, sultani wa Oman alikuja huku.
　　　　　イギリスの植民者が来る前，オマーンのスルタンがここに来た．
Mtoto alikwenda kuoga kabla mama yake hajamwambia.
　　　　　お母さんが言う前に，子供は入浴しに行った．

なお，空間的な表現に用いられる mbele と nyuma も，時間的な表現の中で用いられることがある．その場合，mbele は未来の時間を，nyuma は過去の時間を指す．

〈3〉
siku za nyuma	（= siku zilizopita）	過日
siku za mbele	（= siku zijazo）	将来
miaka hamsini nyuma	（= miaka hamsini iliyopita）	50年前
miaka ishirini mbele	（= miaka ishirini ijayo）	20年後

32 海からみたザンジバル

練 習 問 題

1. 次の語句を使って，下の文をスワヒリ語で書きなさい．

    kabla,　baada,　mbele,　nyuma

    1. ジュマは他の学生たちの前にいます．
    2. 飛行機に乗る（kupanda ndege）前に，チケットを見せてください．
    3. 家の裏に鶏小屋（kibanda cha kuku）があります．
    4. ウガリをこねる（kusonga ugali）前に，粉を入れてください．
    5. 学生たちは手紙を書いた（kuandika barua）後，郵便局へ行った．
    6. 3日後，もう一度ここへ来てください．
    7. 牛小屋（banda la ng'ombe）の後ろには大きなマンゴーの木（mwembe）があった．

2. 時制接辞 ja- を用いる未完了の文をいれて，下の文をスワヒリ語で書きなさい．
    1. ネエマはウガリをこねる前に，粉を入れた．
    2. 学生たちは郵便局へ行く前に，手紙を書いた．
    3. 私たちは飛行機に乗る前に，チケットを見せた．
    4. 彼は警官が警告する（onya）前に，その場を立ち去った．
    5. よう子は疲れる前に，家に戻った．
    6. 学生たちは先生が来る前に，全員教室の中に入った．
    7. アフリカ人は独立する（pata uhuru）前，白人たち（Wazungu）と闘った．

コラム19 ムスリムの日常生活

　ザンジバル，ペンバ，モンバサ，ラムといった東アフリカ沿岸部の夜明けは，モスクのスピーカーから流れてくるアザーン（Adhana）とともに始まる．アザーンとはムスリムに礼拝を呼びかける放送で，住人の大多数がムスリムである土地では1日に何度も耳にするものである．イスラームが日常に溶け込んだ彼らの生活は，キリスト教徒が多数派を占める東アフリカ内陸部とは異なる趣を持っている．

　ムスリムの礼拝は1日5回が基本．夜明け前の礼拝（Alfajiri）に始まり，正午（Adhuhuri），午後時（Alasiri），日没時（Magharibi），夜半（Isha）と行なわれ，その度に大音量のアザーンが礼拝の時間を知らせる．ただしモスクで礼拝を許されているのは多くの場合男性のみで，女性は各家庭でお祈り用マットを敷いて行なっている．このように1日の中で何度か礼拝の時間帯があることで，人々の中にもそれに合わせた生活リズムができている．たとえば，何の予告もなく突然開いたり閉まったりするお店に，旅行者は困惑してしまうことがある．これはムスリムの店主が礼拝に向かう際に一旦店を閉め，戻ってくるとまた開店するためなのである．

　現在では洋服を普段着とする人が多くなったとは言え，カンズ（Kanzu）とコフィア（Kofia）を着用している男性は街中でよく見かける．カンズは足首までの長い丈で長袖の貫頭衣，コフィアは上の部分が平らになっていて丸型のいわゆるアラブ風の帽子で，いずれも値の張るものは手の込んだ刺繍が施されている．普段は洋服姿でも，結婚式などの重要な行事，イスラームの祝日や休息日である金曜日にはカンズとコフィアを身に着ける男性は多い．一方街中で見かける女性は，ブイブイ（Buibui）という名の真っ黒な外套で全身を覆っている．ムスリムの女性は外出する際に洋服の上からすっぽりとこのブイブイを被り，他人の目に自分の肌を晒さないようにしなければならない．中には上半身を覆う程度のベールを身に着けているだけの女性はいるが，ノースリーブやミニスカートといった格好のままで外出することはない．ムスリムでなくても極端な肌の露出を控えるよう求める掲示がなされている観光地もあり，こういった土地を訪れる観光客にも配慮は必要である．

　神に対する義務行為のひとつとして，ムスリムには断食が課せられている．毎年定められたラマダン（Ramadhani）と呼ばれる断食月の一ヶ月間は，日の出から日の入りまであらゆる飲食を断たなければならない．この期間は，日中営業をしない食堂やお店も多い．しかしラマダンは，ただ単に辛い苦行を耐え忍ぶというだけではない．日中静まり返った街は日没とともに活気を帯び，家庭では毎晩豪華な食事を摂り夜更かしを楽しむことができるのである．一ヶ月にわたる断食を終えたラマダン明けにはイディ（Idi）と呼ばれる祝祭が行なわれ，人々は

つづく ▶▶▶

ムスリムとしての義務を無事終えたことへの感謝と喜びを共に味わう.

　ムスリムが口にしない飲食物としては，アルコールと豚肉が挙げられる．豚は不浄な生き物として考えられており，豚肉はもちろん添加物として豚肉エキスやコラーゲンが入っている食事も避けられる．アルコールに関しては，「自制心を失わせるものだから手を触れるべきではない.」とする人が多いものの，「酔って人に迷惑を掛けない程度に飲むのは問題ない.」と言う人も中にはいる.

　飲酒の件に限らず，イスラームの規律に対する態度やそれに基づく習慣はその土地や個人によってもさまざまである．実際の人々の生活を知るには，自分の目で確かめることが一番の方法だろう．ケニアであれば，モンバサから少し足をのばしてラムを訪れるのがお勧めである．小さな街には政府関係車両を除いて車の持込が禁止されており，車の代わりにロバが狭い通りを闊歩している．迷路のように入り組んだ路地，ひしめき合って立ち並ぶ石造り風の建物，あちこちに点在するモスク．世界遺産に指定された独特の街並みの中で，のんびりとした時間を過ごすことができる．タンザニアであれば，同じく世界遺産に登録されているザンジバルがお勧め．ザンジバルとラムはいずれも島であり似通った雰囲気を醸し出しているが，ザンジバルは島自体の規模がラムよりも大きく交通も発達している．ダルエスサラームからのアクセスも良く，ラムより行きやすいのが利点だろう．もちろんもっとも望ましいのは，どちらも訪れてそれぞれの土地の空気を肌で感じてもらうことである．　（井戸根　綾子）

33 ザンジバルの男性．コフィアとカンズが見える

34 ブイブイを着る女の子たち

28 ザンジバルに行く 2
Safari ya kwenda Zanzibar 2

Yoko: Unajua sehemu nzuri za kupendeza huko visiwani?

Neema: Kuna pwani safi sana, hasa mashariki na kaskazini ya Unguja. Halafu kuna "Spice Tour" huko.

Yoko: "Spice Tour" ni nini?

Neema: "Spice Tour" ni safari ndogo kwa watalii kutembelea mashambani na msituni kuangalia miti ya aina mbalimbali ya viungo, kama midalasini, mikarafuu na kadhalika. Huko watapata kuona na kuonja viungo hivyo.

Yoko: Ah, sasa natamani sana kwenda Unguja! Nauli ya kwenda huko ni kiasi gani?

Neema: Inategemea utatumia usafiri gani. Ukitumia ndege, nauli itakuwa ghali, basi kwako wewe ni nafuu kutumia meli. Siku hizi ziko meli nyingi za kwenda Unguja kama tulivyoona juzi bandarini.

Yoko: Haya, basi nitakwenda kwa meli. Naona Jumamosi ijayo itakuwa nzuri. Niende bandarini kukata tiketi sasa.

Neema: Sawa. Bora twende pamoja nikusaidie kukata tiketi, kwani huko bandarini wako matapeli.

Yoko: Matapeli gani?

Neema: Ni wanaowadanganya watalii wanaotoka nchi za nje. Wanawajia watalii huku wakiwaambia wawasaidie kukata tiketi kwa bei rahisi zaidi, lakini wapi! Wao wanawauzia tiketi kwa bei kubwa isiyo rasmi. Mgeni kama wewe ni rahisi kudanganywa na watu hao na kuibiwa pesa zako.

Yoko: Kila nchi ina matapeli kama hao.

28.1　人や生き物を表す名詞のクラス

　人を表す名詞は基本的に，1・2クラスに属するが，他のクラスの場合も見られる．baba〈父〉や ndugu〈兄弟〉などは9・10クラスに属する名詞である．他に，5・6クラスに属する名詞と7・8クラスに属する名詞がある．

　人以外の生き物を表す名詞は主に9・10クラスに属するが，7・8クラスに属する名詞もある（mnyama〈動物〉と mdudu〈虫〉のみ1・2クラス）．以下に，5〜10クラスに属する人を表す名詞と，7・8クラスに属する生き物の名詞の例をあげておく．

〈1〉　人を表す5・6クラスの名詞

tapeli	matapeli	詐欺師，ペテン師
karani	makarani	事務員
ofisa	maofisa	役人，公務員
bibi	mabibi	婦人，淑女
bwana	mabwana	旦那，紳士
tajiri	matajiri	金持ち
bepari	mabepari	資本家，大商人
waziri	mawaziri	大臣
askofu	maaskofu	司教
gaidi	magaidi	テロリスト
baharia	mabaharia	船員，船乗り

〈2〉　人・生き物を表す7・8クラスの名詞

kiongozi	viongozi	指導者，ガイド
kijana	vijana	青年
kinyozi	vinyozi	床屋
kipofu	vipofu	目の見えない人
kiziwi	viziwi	耳が聞こえない人
kiwete	viwete	足が不自由な人
kichaa	vichaa	狂人
kifaru	vifaru	サイ
kiboko	viboko	カバ

kinyonga	vinyonga	カメレオン
kifaranga	vifaranga	ひな

〈3〉 人を表す9・10クラスの名詞

babu	祖父
bibi	祖母
baba	父
mama	母
kaka	兄
dada	姉
ndugu	きょうだい
shangazi	伯母（父親の姉妹）
shemeji	配偶者の兄弟・兄弟の配偶者（男同士／男女）
wifi	夫の姉妹・兄弟の妻（女同士）
rafiki	友達
adui	敵
askari	警官，兵士

これらの名詞について重要なことは，形容詞や指示詞などの修飾語や主語接辞などは，普通1・2クラスの形になるということである．食卓にのぼった料理のsamaki〈魚〉でさえ1・2クラスの修飾語がつくのはどうにもなじめないが，生き物ならすべてこの呼応を示す．

〈4〉

samaki huyu mzuri	このよい魚
kiongozi wetu mrefu	私たちの背の高いガイド
mawaziri hawa wa Tanzania	これらのタンザニアの大臣

名詞が属するクラスに呼応させると，特別な意味を帯びることになる．普通は侮蔑的な意味になるが，親族を表す名詞やrafiki〈友人〉につく所有詞の場合は，親愛の意味を表す．したがって，これらの名詞につく所有詞は，名詞の属するクラス（9・10クラス）になるのが一般的である．

〈5〉
kijana yule	あの青年(一般的)
kijana kile	あの若いヤツ(侮蔑的)
karani wetu	私たちの事務員(一般的)
karani letu	うちんとこの事務員のヤツ(侮蔑的)
baba yangu	私の父
kaka yako	あなたのお兄さん
rafiki zenu	あなたたちの友人たち

 また,既存の名詞の接頭辞を5・6クラスの接頭辞に変えることによって「大きい」人や物を表し,7・8クラスの接頭辞に変えることよって「小さい」人や物を表すことができる.「小さい」を表す7・8クラスの接頭辞は,ki- /vi- に ji- を加えた kiji- /viji- という形になることが多い.

〈6〉 5・6クラスの接頭辞になって「大きい」ものを表す例
mtu / watu	人	>	jitu / majitu	巨人
mji / miji	まち	>	jiji / majiji	都市,首都
kisu / visu	ナイフ	>	jisu / majisu	大きいナイフ
kikapu / vikapu	カゴ	>	kapu / makapu	大きいカゴ
nyoka / nyoka	蛇	>	joka / majoka	大蛇
nyumba / nyumba	家	>	jumba / majumba	大きい家,豪邸
mbuzi / mbuzi	ヤギ	>	buzi / mabuzi	大きいヤギ

〈7〉 7・8クラスの接頭辞になって「小さい」ものを表す例
mlima / milima	山	>	kilima / vilima	丘
ngoma / ngoma	太鼓	>	kigoma / vigoma	小さい太鼓
mti / miti	木	>	kijiti / vijiti	棒っきれ,箸
mji / miji	まち	>	kijiji / vijiji	村
nyoka / nyoka	蛇	>	kijoka / vijoka	小さい蛇
mwiko / miiko	しゃもじ	>	kijiko / vijiko	スプーン

練習問題

1. 次の名詞句の意味を日本語で書き，それぞれの名詞句の複数形をスワヒリ語で書きなさい．
   1. samaki yule
   2. kiongozi mzuri
   3. waziri huyo wa Marekani
   4. kiboko mkubwa
   5. askari mwingine
   6. shangazi yangu
   7. jumba la mfalme
   8. askofu huyu mrefu
   9. rafiki yako wa Tanzania

35 ザンジバル，アラブ風の扉

36 Spice Tour で fenesi（ジャックフルーツ）の木を見る

37 奴隷市場跡にある教会

29 ザンジバルにて 1
Huko Zanzibar 1

Yoko alifika bandari ya Unguja saa nane mchana Jumamosi. Kwanza alishangaa sana kuwaona wapagazi wengi wakimjia na kumwambia "Nikubebee mzigo wako!". Halafu akasikia harufu kali sana ya karafuu. Alipotaka kutoka nje ya bandari, tena aliduwaa kabisa kwani wako wengi waliomshawishi alale hoteli fulani fulani. Yeye akawaambia tayari ameamua kulala hoteli moja, basi akaachwa aende zake. Lakini mtu asipojua Kiswahili, atapata taabu sana.

Alifika mlangoni pa hoteli ya Tembo, akaingia ndani. Akaiona hoteli kubwa na tena nzuri kweli, na akawaona wafanyakazi wote wakarimu na wapole. Akafikiri atakuwa anajiburudisha sana hotelini baadaye. Baada ya kujiandikisha kwenye mapokezi, akaondoka hotelini na kutembeatembea katika Mji Mkongwe. Mji huo umechaguliwa kuwa Urithi wa Dunia mwaka 2000. Viko vichochoro vingi mno na watalii hawakosi kupotea vichochoroni. Hata kama akitaka kurudi anakotoka, labda hataweza kurudi moja kwa moja kwa mara ya kwanza.

Akatazama maduka mbalimbali, kama ya vitambaa, vitabu vya zamani, mapambo ya dhahabu na fedha kama herini, bangili na mikufu, vyombo vinavyotumiwa jikoni kama makawa, miko, pawa, na samani kama meza, viti, makabati na vitanda. Halafu akaenda "Marikiti", akaona bidhaa nyingi zikiuzwa huko. Huko "Marikiti" ziko sehemu mbalimbali za kuuza vitu kama mbogamboga, matunda, nyama, samaki, viungo, kanda za muziki, mapambo, n.k. Yoko akanunua paketi za viungo kwa ajili ya zawadi za marafiki zake wa Japani.

29.1 「継起」を表す文（時制接辞 ka-）

時制接辞の ka- は，ある出来事に引き続いて起こる出来事を表す文の中で用いられ，「〜して，〜した」というような文で，ある動詞の後ろに続いて別の動詞が続くとき，後ろの動詞に時制接辞の ka- が現れる．したがって，この接辞自体が時制を表すことはなく，先行する動詞の時制が示す時点において，動作が引き続き起こったことのみを示す．物語の文などでよくみられる例では，先行する動詞は過去の時制であり，現在や未来の時制で用いられることはない．また，時制接辞の ka- は，「仮定 / 付帯状況」の時制接辞 ki- と同じく，単音節動詞でも ku をとらない．

〈1〉
Yoko alifika bandari ya Unguja a-ka-elekea hoteli ya Tembo.
　　　　よう子はザンジバルの港に着いて，それからテンボホテルに向かった．
Alirudi hotelini jioni akaingia mkahawani akala chajio.
　　　　彼女は夕方ホテルに戻ってきて，食堂に入り，夕食を食べた．
Walitoka Kibanda cha Kibo wa-ka-panda mwinuko mkali wa mwisho.
　　　　彼らはキボ小屋を出て最後の急な斜面を登った．
Chui alipata mawindo akapanda mti nayo mdomoni.
　　　　ヒョウは獲物をとらえて，それを口にくわえて木に登った．

時制接辞の ka- は，8.2 節でみたように，接続形においても用いられる．特に，「行って，〜しなさい」というような命令を表すとき，後ろの動詞は接続形になるが，そこに時制接辞 ka- が入ることがある（前の動詞「行って」が省略されることもある）．このことからもわかるように，時制接辞の ka- は，いわゆる「時制」を表すものではなく，前の動詞に引き続いて動作が起こるということを表す接辞である．

〈2〉
Nenda u-ka-lale./ U-ka-lale.　　　　　行って，寝なさい．
Nenda u-ka-oge./ U-ka-oge.　　　　　行って，水浴びしなさい．
Nenda sokoni u-ka-nunue samaki.　　市場へ行って，魚を買いなさい．

また，「〜して，〜したら」というような仮定文や，「〜して，〜すること」と

いう不定形の中にも「継起」の接辞が用いられることがある．例をみておこう．

〈3〉
Ukimpa pesa akazichukua akakimbia utafanyaje?
　　　彼にお金をあげて彼がそれを取って逃げたら，あなたはどうするの？
Tutaweza kumweleza hali halisi akaelewa?
　　　私たちが彼に本当の状態を説明して彼は理解するだろうか？
Hatuwezi kuwasaidia watoto wote wakaendelea na masomo shuleni.
　　　私たちはすべての子供を助けて子供たちが学校で勉強を続けるようにすることはできない．

38 ザンジバルの Marikiti

39 自転車で行商．Marikiti 前にて

練習問題

1. 時制接辞 ka- を用いて，次の文をスワヒリ語で書きなさい．
   1. よう子はバス停に行き，ムウェンゲ行きのバスを待った．
   2. 私は食堂に夕食を食べに行き，それから図書館に戻って，勉強を続けた．
   3. 彼女はモシに着いて，旅行会社に向かった．
   4. ネエマのお母さんは水を沸かして，粉を入れて，ウガリをこねた．
   5. 学生たちは手紙を書いて，郵便局へ行った．
   6. 市場へ行って，牛肉を買いなさい．
   7. 大学の図書館へ行って，スワヒリ語の本を探してください．
   8. 私はスワヒリ語の本を見つけて，全部読むことができるだろうか．
   9. よう子はタンザニアへ行って，人々とスワヒリ語で会話できるだろうか．

40 ヤシの葉を編むおばあさん

コラム20 ココヤシ Mnazi はエコ？

　スワヒリ語を母語として話す人々が住むUswahilini，つまり「スワヒリ地方」は，インド洋文化圏の最西端である．ここでは，インドネシアやマレーシアでも多用されるココナツミルク〈tui la nazi〉が頻繁に料理に使われている．主食であれば，ココナツミルクを入れて炊いたご飯のココナツライス〈wali wa nazi〉，米粉と混ぜて生地にした米パン〈mkate wa kumimina〉，小麦粉と混ぜて生地にしたマンダジ〈maandazi〉などがある．また，主菜であるシチュー〈mchuzi〉もココナツミルクを入れて煮込む場合があり，ココナツミルク入りタコシチュー〈mchuzi wa nazi wa pweza〉，ココナツミルク入り鶏シチュー〈mchuzi wa nazi wa kuku〉など，主な具材を変えて様々なバリエーションがある．ココナツが苦手な人は，スワヒリ地方に行くと苦労するかも知れない．

　ココナツ〈nazi〉がココヤシの実〈tunda〉であることは周知のことだと思うが，ココナツミルクが作られる過程を知っている人は案外少ないだろう．ココナツは，モスグリーンの外殻〈ganda〉と茶色の内殻〈kifuu〉を持つ．外殻は繊維質で分厚く，内殻を包んでいる．内殻は堅く，3mm程度の厚さがあり，ちょうど球体をしている．果肉はその内側にぎっしり詰まっているのである．ココナツミルクは，外殻を外し，内殻を鉄の棒などで半分に割り，果肉をココナツ下ろし〈mbuzi〉で掻き出して水と混ぜ，それを搾った汁なのである．沖縄などでも飲めるココナツジュース〈maji ya dafu〉は，未熟ココナツ〈dafu〉の水分であり，ココナツミルクとは違うのだ．

　さて，スワヒリ地方ではココヤシの実の果肉だけが使われているのではない．外殻は海岸の砂浜に埋めておいて，柔らかくなって繊維がばらばらになったら，その繊維で縄を綯う．内殻は乾燥させておくと非常に優れた着火材になるので，煮炊きの時には欠かせないし，半球に棒をくっつけて玉杓子〈upawa〉にもできる．また，ココナツミルクの搾りカス〈chicha〉は，放し飼いにしている鶏やアヒルの餌になる．さらに，ココヤシの葉〈kuti〉は，編んで屋根材や垣根，時には家の扉として用いるし，葉脈から堅い芯を取り出して束にし，箒を作る．そして，丸太〈gogo〉は家の敷居〈kizingiti〉にしたり，家の敷地や村の地区の境界線として，道に置いて使ったりする．

　こうして見てくると，ココヤシには捨てる部分が全くない．今流行りの言葉で表わせば「エコ」である．でも，スワヒリ地方の人々は「エコだ」などと思って使っているわけではないし，ココヤシの代わりに使えるものが現われれば，すぐにそれに飛びつくかも知れない．彼らは，昔からの知恵でココヤシを余すところなく使っているだけであり，その行為は彼らの生活文化に根差したものである．身構えて「エコ」と言っている我々の暮らし方をこそ，再考すべきではないだろうか．（竹村 景子）

30 ザンジバルにて 2
Huko Zanzibar 2

Jioni Yoko akarudi hotelini na akala chajio mkahawani. Akala pilau, mchuzi wa pweza wa nazi na akanywa maji ya ukwaju. Baada ya chakula akajiburudisha barazani huku akitazama bahari. Upepo mzuri ulikuwa ukivuma kutoka baharini. Usiku huo alilala fofofo kama pono.

Siku ya pili alikwenda pwani ya Nungwi. Akaogelea mpaka akachoka na akarudi mjini jioni. Huko Nungwi alisikia lahaja ya kaskazini ya Unguja, lakini hakuweza kuyaelewa maneno waliyosema wenyeji. Amejua kuwa kuna lahaja kadhaa hapa kisiwani kama kwao Japani zilivyo nyingi sana. Akafikiria utafiti wa lahaja za Kiswahili utakuwa mada nzuri ya tasinifu yake ya kuhitimu shule ya digrii ya kwanza.

Siku ya tatu, alipotembeatembea tena Mji Mkongwe alimkuta bibi mmoja anayetoka Pemba. Huyo bibi kizee amezaliwa Wete, mji wa kaskazini mwa Pemba na sasa anakaa mjini Unguja pamoja na watoto wake na wajukuu wake. Akamweleza Yoko kwamba huko Pemba ndiko zinakopatikana karafuu nyingi mno, kwani wakati wa utawala wa sultani wa Oman kulikuwa na mashamba makubwa ya mikarafuu, na watumwa wengi waliopelekwa kutoka bara walilazimishwa kufanya kazi kama vile kuchuma karafuu. Rais wa kwanza wa Zanzibar alikuwa ni Marehemu Karume.

Siku ya mwisho, Yoko alikwenda makumbusho ya historia ya Zanzibar. Huko akajua mambo mbalimbali yanayohusiana na historia ya Zanzibar. Na akasikia kuwa wataalamu wengine wa Japani mara kwa mara wanakwenda huko ili kufanya utafiti kutokana na nyaraka muhimu za zamani za kihistoria. Akaona ni kazi kubwa sana tena yenye maana kuchunguza historia ya nchi fulani. Kutokana na tajiriba zake hizi, Yoko sasa anatamani kwendelea na masomo yake ili ajue zaidi mambo mengi mengineyo ya Afrika.

30.1 動詞からの名詞形成

　日本語で「踊る」という動詞から「踊り」という名詞が作られるように，スワヒリ語においても，動詞から名詞を形成することができる．動詞から名詞が形成される場合，動詞語根になんらかの名詞接頭辞がつき，動詞語尾 -a の代わりに，普通は a 以外の音の名詞派生接辞がつく (-a のままの場合もある)．その際，動詞語根末の子音が変化することもある．

　また日本語では，動詞から作られた名詞が他の名詞を伴って，たとえば「卵焼き」，「芋掘り」，「爪切り」，「雨降り」，「金持ち」，「借金取り」のような合成語を作ることが多いが，スワヒリ語においてもそのような例は，日本語はど多くはないが見られる．以下に，名詞接頭辞の種類別に例をみていこう (単複ペアのクラスでは単数のクラスしか語例を示さないが，接頭辞を変えて複数形にすることができる)．

(1) 1/2 クラス (m-/wa-)

〈1〉 名詞接頭辞だけがついて，語尾は -a のままの例 (外来語は動詞の語尾のまま)

mtawala	支配者	<	tawala	支配する
mganga	伝統医	<	ganga	治療する
mwenda wazimu	気の狂った人	<	enda wazimu	気が狂う
mpiga ngoma	太鼓を叩く人	<	piga ngoma	太鼓を叩く
mfanyakazi	労働者	<	fanya kazi	仕事をする
mteka nyara	誘拐犯, 略奪者	<	teka nyara	誘拐する, 乗っ取る
msafiri	旅人	<	safiri	旅する
mtumwa	奴隷	<	tumwa	使われる
mzaliwa (wa Pemba)	(ペンバ) 生まれの人	<	zaliwa	生まれる

〈2〉 語尾が -i になる例 (多くの場合，語根末の子音に変化が見られる)

mshoni	裁縫師	<	shona	縫う
msomi	知識人, 学者	<	soma	勉強する
mshindi	勝者	<	shinda	勝つ

mpishi	料理人	<	pika	料理する	
mtumishi	使用人，公務員	<	tumika	使われる	
mlevi	酔っぱらい	<	lewa	酔う	
mlinzi	守衛，番人	<	linda	守る	
mjenzi	建築者，大工	<	jenga	建てる	
mnunuzi	買う人，買人	<	nunua	買う	
mzazi	親	<	zaa	生む	
mwizi	泥棒	<	iba	盗む	

〈3〉 語尾が -e になる例

mtume	使途，預言者	<	tuma	遣わす	
mshinde	敗者	<	shinda	勝つ	

〈4〉 語尾が -aji になる例

mshonaji	裁縫人	<	shona	縫う	
msomaji	読者	<	soma	読む	
mwimbaji	歌手	<	imba	歌う	
mchungaji	牧童，牧師	<	chunga	放牧する	
mchezaji	演者，選手	<	cheza	演ずる，遊ぶ	
muuaji	殺人者	<	ua	殺す	

(2) 3/4 クラス（m-/mi-）

〈5〉 語尾が -o になる例

mchezo	演技，遊び	<	cheza	演ずる，遊ぶ	
mkutano	会合	<	kutana	会う	
mwisho	終わり	<	isha	終わる	
mwendo	行程，歩み	<	enda	行く	
mpango	計画	<	panga	並べる，計画する	

〈6〉 語尾が -e になる例

mkate	パン	<	kata	切る	

(3) 5/6 クラス（φ-/ma-）

〈7〉 語尾が -o になる例

zao	作物，産物	<	zaa	生む，産む
sikio	耳	<	sikia	聞く
wazo	考え	<	waza	考える
somo	勉強，レッスン	<	soma	勉強する
neno	言葉，事	<	nena	言う
pato	収入	<	pata	得る
pambo	装飾	<	pamba	飾る
tatizo	問題	<	tatiza	混乱させる
tangazo	ニュース，広告	<	tangaza	広める，知らせる

〈8〉 名詞接頭辞が 6 クラス（ma-）のみの例（語尾は -o, -i, -a）

makumbusho	博物館	<	kumbusha	思い出す
maelezo	説明	<	eleza	説明する
maendeleo	発展，進歩	<	endelea	続く
mashindano	競争，試合	<	shindana	競い合う
mapishi	料理（法）	<	pika	料理する
maoni	意見	<	ona	見る
mateka	捕虜	<	teka	捕虜にする
mapokeo	伝統	<	pokea	受け取る
mapokezi	受付，フロント	<	pokea	受け取る
matata	問題，混乱	<	tata	混乱する，もつれる

(4) 7/8 クラス（ki-/vi-）

〈9〉 語尾が -o になる例

kikao	席，会合	<	kaa	座る
kituo	停車場，拠点	<	tua	降りる
kizibo	栓	<	ziba	ふさぐ
kinoo	砥石（といし）	<	noa	砥ぐ
kifuniko	覆い（おおい）	<	funika	覆う
kifo	死	<	fa	死ぬ

Huko Zanzibar 2

⟨10⟩　語尾が -a, -e になる例

kifaa	道具，用具	<	faa	役立つ
kinywa	口	<	nywa	飲む
kiumbe	創造物	<	umba	(神が) 創る
kikombe	コップ	<	komba	こすり落とす

⟨11⟩　語尾が -i, -aji になる例

kiongozi	指導者，ガイド	<	ongoza	導く
kinyozi	床屋	<	nyoa	剃る（そる）
kinywaji	飲み物	<	nywa	飲む

(5) 9/10 クラス (n-)

⟨12⟩　語尾が -o, -e になる例

nyundo	ハンマー	<	unda	造る
ndoto	夢	<	ota	夢見る
ndoa	結婚	<	oa	結婚する
pete	指輪	<	peta	曲げる

(6) 11/10 クラス (u-/n-)

⟨13⟩　語尾が -a（外来語は動詞の語尾のまま）になる例

utawala	支配	<	tawala	支配する
usafiri	交通手段	<	safiri	旅する
urithi	遺産	<	rithi	相続する

⟨14⟩　語尾が -o, -e になる例

ufagio	ほうき	<	fagia	掃く
ufunguo	鍵	<	fungua	開ける
wimbo	歌	<	imba	歌う
upinde	弓	<	pinda	曲げる

〈15〉 語尾が -i, -aji になる例

ulevi	酒, 酔い	<	lewa	酔う
ulinzi	守り, 防衛	<	linda	守る
ulaji	食べ方, 食事	<	la	食べる
usafijaji	清掃	<	safisha	掃除する
usafirishaji	輸出, 輸送	<	safirisha	輸出する, 輸送する

41 ザンジバル北端の Nungwi ビーチ

練習問題

1. 次の名詞句の意味を日本語で書き，それぞれの名詞句の複数形をスワヒリ語で書きなさい．
   1. mzaliwa wa Osaka
   2. kiongozi wetu mzuri
   3. kinyozi yule hodari
   4. kinywaji kipya
   5. kifaa kizuri
   6. somo jingine
   7. tangazo hili
   8. sikio la sungura
   9. ufunguo wangu
   10. wimbo wa Kiswahili

42 夕陽に映えるダウ船

小森淳子（こもり・じゅんこ）

1963年大阪生まれ。大阪外国語大学アラビア語学科（スワヒリ語専攻）卒業。京都大学大学院文学研究科（言語学専攻）博士課程修了。博士（文学）。現在、大阪大学大学院言語文化研究科（言語社会専攻）教授。専門はアフリカ言語学。タンザニアのバントゥ諸語や西アフリカのヨルバ語，バンバラ語などを中心とした形態・統語論が主な研究分野である。

大阪大学外国語学部　世界の言語シリーズ 1

スワヒリ語

発　行　日	2009年3月31日　初版第1刷	〔検印廃止〕
	2021年6月30日　初版第5刷	
著　　　者	小　森　淳　子	
発　行　所	大阪大学出版会	
	代表者　三成賢次	

〒565-0871
大阪府吹田市山田丘2-7　大阪大学ウエストフロント
電話　06-6877-1614
FAX　06-6877-1617
URL　http://www.osaka-up.or.jp

印刷・製本　株式会社 遊文舎

ⓒJunko Komori 2009　　　　　　　　　　　Printed in Japan
ISBN 978-4-87259-325-9　C3087

JCOPY〈出版者著作権管理機構　委託出版物〉
本書の無断複製は著作権法上での例外を除き禁じられています。複製される場合は、その都度事前に、出版者著作権管理機構（電話 03-5244-5088、FAX 03-5244-5089、e-mail: info@jcopy.or.jp）の許諾を得てください。